# 甘肃省公路水毁灾后恢复重建工程技术指南

编制单位：甘肃省公路局
　　　　　甘肃省交通科学研究院集团有限公司
　　　　　陇南公路局
　　　　　甘南公路局

人民交通出版社股份有限公司

北　京

## 内 容 提 要

本书系统总结了甘肃省公路水毁灾后恢复重建工程技术成果,具体包括总则、公路水毁病害处治原则、公路水毁病害处治措施、工程造价和附录等内容。

本书可供公路水毁灾后恢复重建工程技术及管理人员工作参考。

### 图书在版编目(CIP)数据

甘肃省公路水毁灾后恢复重建工程技术指南 / 甘肃省公路局等编. — 北京:人民交通出版社股份有限公司,2021.7
ISBN 978-7-114-17428-5

Ⅰ.①甘… Ⅱ.①甘… Ⅲ.①公路—重建—甘肃—指南 Ⅳ.①U418.5-62

中国版本图书馆 CIP 数据核字(2021)第 125732 号

Gansu Sheng Gonglu Shuihui Zaihou Huifu Chongjian Gongcheng Jishu Zhinan

书　　名:甘肃省公路水毁灾后恢复重建工程技术指南
著　作　者:甘肃省公路局
　　　　　甘肃省交通科学研究院集团有限公司
　　　　　陇南公路局
　　　　　甘南公路局
责任编辑:石　遥
责任校对:孙国靖　龙　雪
责任印制:张　凯
出版发行:人民交通出版社股份有限公司
地　　址:(100011)北京市朝阳区安定门外外馆斜街3号
网　　址:http://www.ccpcl.com.cn
销售电话:(010)59757973
总 经 销:人民交通出版社股份有限公司发行部
经　　销:各地新华书店
印　　刷:北京市密东印刷有限公司
开　　本:880×1230　1/16
印　　张:6.25
字　　数:180千
版　　次:2021年7月　第1版
印　　次:2021年7月　第1次印刷
书　　号:ISBN 978-7-114-17428-5
定　　价:70.00元

(有印刷、装订质量问题的图书由本公司负责调换)

# 前 言

2020年8月以来，甘肃省连续出现极端暴雨天气，强降雨持续时间长、连续叠加，多地降水突破历史极值，发生严重洪涝灾害，引发滑坡、泥石流等，导致公路淹没、村庄受损、河道堵塞，公路交通设施受损严重，部分路段公路冲毁、交通中断，严重影响公路正常通行，危害人民群众生命财产安全，造成了巨大经济损失和社会影响。

为了规范和指导公路水毁灾后恢复重建工作，依据国家发展改革委、财政部、应急管理部《关于做好特别重大自然灾害灾后恢复重建工作的指导意见》（发改振兴〔2019〕1813号）、甘肃省人民政府《陇南等地暴雨洪涝灾害灾后恢复重建总体规划》（甘政发〔2020〕51号）等政策文件，在开展水毁灾害调查、评价等工作的基础上，编制《甘肃省公路水毁灾后恢复重建工程技术指南》（以下简称"本指南"）。

编写组结合甘肃省区域地形、地貌、水文地质条件、公路水毁病害现状、特点和现阶段公路养护技术发展水平，经详细调查研究、认真总结实践经验，借鉴汶川地震、舟曲特大山洪泥石流等灾后重建的成功经验，广泛征求了有关单位和专家意见，吸取国内有关科研、院校、设计等单位的研究成果和实际工程经验，在参考《公路工程技术标准》（JTG B01）、《公路路基养护技术规范》（JTG 5150）、《汶川地震灾后公路重建技术指南》等标准规范的基础上，完成了本指南的编写工作。

本指南由4章、7个附录组成，第1章总则、第2章公路水毁病害处治原则、第3章公路水毁病害处治措施、第4章工程造价、附录A、附录B、附录C、附录D、附录E、附录F、附录G。

根据甘肃省交通运输厅《关于印发〈甘肃省公路水毁灾后恢复重建工程技术指南〉的通知》（甘交公路〔2021〕7号），本指南自发布之日起实施。请各单位在使用过程中，将发现的问题及时与编制单位联系，以便修正。

编 制 单 位：甘肃省公路局
甘肃省交通科学研究院集团有限公司
陇南公路局
甘南公路局

主要参编人员：左勇翔　陈宏斌　田周义　赵书学　刘颖才　桑安宁　党学庆
雷润祥　张　伟　李二新　沙世涛　姚　焜　尚高鹏　史　杰
张贵生　王海燕　李东升　冉琦山　张　瑜　张文贺　贠子辉

高保平　吕虎娃　郝玉宏　王宏平　陈　辉　张立鑫　刘喜远
袁国泰　赵　军　王伟坤　周　炜　祁璐帆　黎　明　魏　巍
邓　强　李雄斌　黄延亮

# 目 录

1 总则 ·································································································· 1
2 公路水毁病害处治原则 ··············································································· 2
3 公路水毁病害处治措施 ··············································································· 4
   3.1 路基 ······························································································· 4
   3.2 桥梁、涵洞 ······················································································ 15
   3.3 隧道 ······························································································ 20
4 工程造价 ······························································································ 21
附录 A 公路水毁灾后恢复重建工程项目方案设计文件编制内容 ······························· 23
附录 B 公路水毁灾后恢复重建工程项目施工图设计文件编制内容 ······························· 24
附录 C 工程示例 ······················································································ 29
附录 D 水文相关计算方法 ············································································· 41
附录 E 挡土墙截面主要尺寸 ·········································································· 50
附录 F 泥石流相关计算方法 ·········································································· 87
附录 G 编制说明 ······················································································ 90

# 1 总则

**1.0.1** 为指导甘肃省公路水毁灾后恢复重建工作,保证工程质量,提升公路抗灾能力,依据相关法律、法规、标准、规范,编制本指南。

**1.0.2** 本指南适用于甘肃省公路水毁灾后恢复重建工程,农村公路可参照执行。

**1.0.3** 本指南所指公路水毁灾后恢复重建项目,包括公路水毁灾后恢复工程和公路水毁灾后重建工程。

公路水毁是指因河流洪水、暴雨山洪等因素引起公路及其构筑物损坏的现象。

公路水毁灾后恢复工程,是指既有公路因水毁灾害导致局部设施损坏、部分功能受损,需进行修复的工程。

公路水毁灾后重建工程,是指既有公路因水毁灾害导致局部路段使用功能丧失,需重新建设的工程。

**1.0.4** 公路水毁灾后恢复重建工程建设应坚持以人为本、科学规划、统筹安排、分类实施,遵循因地制宜、技术可行、安全耐久、经济合理、绿色环保、方便实施的原则。

**1.0.5** 公路水毁灾后恢复重建工程建设应坚持"轻重缓急、保主保重、分步推进",以恢复现有公路功能为主要目标。通过充分利用已有设施,整治修复受损路段,加固受损桥涵,完善防护排水和交通安全设施,使受损公路和配套设施达到灾前通行能力。适当提高沿江沿河等重要路段公路水毁灾后恢复重建工程的抗灾能力。

**1.0.6** 对于路域涉及的大型滑坡、泥石流等地质灾害治理、河道综合整治,以及水毁影响范围广、工程规模大、技术复杂的水毁工程,应与自然资源、水利、应急保障等部门统筹规划、专项设计、联合整治、分类实施。

**1.0.7** 公路水毁灾后恢复重建工程应优先采用标准化、工厂化建设方案。

**1.0.8** 公路水毁灾后恢复重建方案的选择应针对水毁病害类型,结合恢复重建项目的特点、病害状况、实施条件、技术经济分析等,经论证后合理选择处治方案。

**1.0.9** 新建桥梁、灾害频发路段新建的构造物,具备条件的应设置二维码、水位测量标尺等管理设施。

**1.0.10** 对公路水毁成因多、地形地质复杂的路段和工点,应加强动态设计。

# 2 公路水毁病害处治原则

**2.0.1** 通过现场调查、必要的检测和勘察等方式,调查公路沿线水毁病害情况,搜集原有公路设计、施工和养护等基础资料。根据水毁病害类型、成因,结合公路水毁灾害评估,科学合理地确定恢复重建方案。

**2.0.2** 水毁恢复工程以恢复既有公路功能为主,工程建设应充分利用既有公路线位,通过采取对受损构造物的维修加固,完善支挡防护工程、防排水工程及交通安全设施等措施,恢复公路使用功能。

水毁灾害严重,导致部分路段丧失使用功能、无法修复时,宜按现行技术标准进行重建。

**2.0.3** 公路水毁灾后重建方案的选择,应在调查沿线公路水毁病害,搜集气候、水文和地震烈度等资料的基础上,通过加强工程地质调查与勘察、地形地物测绘、工程类比等方法确定。

**2.0.4** 对丧失承载能力、无修复利用价值的桥梁,损毁的沿河支挡防护工程,应及时拆除,防止压缩泄洪断面,对河道下游桥梁等构造物产生不利影响。

**2.0.5** 挡土墙等支挡防护工程基础埋置深度应不小于1m,冰冻地区基础应埋置于冻结线以下不小于0.25m,受冲刷影响时基础应埋置于冲刷线以下不小于1m。对于软弱地基等不良地质路段,应采取换填等处理措施使其满足地基承载力要求。

**2.0.6** 路线布设时应选择与地形地貌及水文地质特性相适宜的平纵指标,尽量减少高填深挖,采用便于养护维修的设计方案。

**2.0.7** 为稳定河岸、改善水流流态、减轻水流冲刷、保障桥梁等构造物结构安全,沿河可设置导流堤、顺坝等调治构造物,不宜设置丁坝、挑坝。

**2.0.8** 对桥涵等构造物进行修复时,应满足其泄洪及抗冲刷能力。河床比降大、水流湍急、河道弯曲等易于冲刷的河段,适当提高设计洪水频率。

**2.0.9** 公路水毁灾后重建的桥涵工程,应选用技术先进、安全耐久、结构简单、受力明确和便于养护的结构形式。

**2.0.10** 新建桥梁、重要支挡防护工程、基础资料缺乏的重要工点,在方案设计阶段应进行地质勘察和地形测绘工作,详细查明水毁病害类型及范围、地质构造与岩土工程特性。

**2.0.11** 公路通过滑坡、泥石流等自然灾害严重路段,尽量选择路线绕避方案。必要时,应进行地质灾害专项评估,增加设计阶段,提高建设工程方案的可行性和科学性。

**2.0.12** 对无法绕避的大型泥石流路段,路线应从流通区通过,一般以大跨径重力式墩台桥梁跨越,或采用渡槽排导;发育初期的小型泥石流可采用中小跨径桥梁跨越,或采取拦挡坝结合水土保持等综合防治措施。

**2.0.13** 路基易受洪水淹没的沿河路段,以及易发生塌落、碎落和泥石流冲蚀的路段,宜采用水泥混凝土路面。

**2.0.14** 沿河路段的顺河桥,相邻两座桥梁之间不宜采用短路基方案。桥梁锥坡、桥头引道的支挡防护设施、导流设施的设计洪水频率,应与桥梁设计洪水频率保持一致。二级公路的特大桥以及三、四级公路的大桥,在河床比降大、易于冲刷的情况下,宜提高一级设计洪水频率,并验算基础冲刷深度。

**2.0.15** 新建隧道应遵循"早进洞、晚出洞"的原则,重视防排水系统设计。洞口设计应充分考虑侧仰坡的稳定性,可通过设置支挡结构物、增长明洞或增设棚洞等进行防护。

**2.0.16** 河谷两岸易发生崩塌、滑坡、泥石流等灾害,影响岸坡稳定及公路安全路段的重建方案,应进行多方案比选论证。

悬崖峭壁易发生滑塌、落石的路段,宜采用隧道或棚洞方案。

峡谷临河路段,宜对路基、桥梁、棚洞、隧道等方案进行充分比选,采取的工程措施应能防止洪水、崩塌、落石等叠加因素对公路设施的损害和不利影响。

**2.0.17** 沿河路段新建的挡土墙、驳岸墙等支挡防护设施,如有水下工程宜设置测深管。

**2.0.18** 公路水毁灾后恢复重建工程应按收集资料、现场调查与勘察、方案设计(如有)、施工图设计的基本流程进行设计。

**1** 应收集公路水毁项目原设计文件、竣工文件、建养管历史资料、历史交通量或现有交通量及其构成、灾害评估、区域气候、水文、地质等资料。

**2** 根据公路水毁项目实际需求开展必要的路线测量和地质勘察工作。详细调查路基病害、防护及排水设施、桥梁、涵洞、隧道、安全设施等水毁病害现状。调查安全隐患点现场状况、筑路材料来源、已实施水毁工程的效果及其他相关影响因素等。

**3** 对于水毁重建工程,方案设计阶段应在相关调查、勘察的基础上,通过分析病害原因,经技术经济比选后提出合理方案,编制概算文件。施工图设计应针对病害类型进行详细设计,形成完整的施工图设计文件,编制预算文件。设计文件编制组成见附录A、附录B。

**2.0.19** 公路水毁灾害严重的工点,应绘制大比例尺地形图,条件允许时应增加影像图。水毁路段地形图比例尺宜采用1:1000,水毁工点图比例尺宜采用1:500,典型断面、河床比降的测绘比例尺宜采用1:100~1:200。

**2.0.20** 勘察条件受限的工点,可采用无人机、地质遥感、高清影像等先进技术辅助勘察。

# 3 公路水毁病害处治措施

## 3.1 路基

### 3.1.1 病害类型

1 暴雨山洪、河流冲刷引起的路基滑移、沉陷、垮塌。
2 水流冲刷引起的土质边坡亏坡、坍塌,石质边坡开裂、落石等。
3 挡土墙、驳岸墙、护面墙、抗滑桩等主要支挡防护工程损坏。
4 边沟、排水沟、截水沟、急流槽等排水设施的淤埋、破损等病害。
5 强降雨诱发的滑坡、泥石流、山体坍塌等地质灾害造成公路路基掩埋,堰塞湖引起水位上升以及沿河路段水位上涨淹没公路。
6 泥石流和暴洪灾害对路面的毁坏主要为落石损毁路面、路基水毁或变形引起路面破坏等。

### 3.1.2 病害调查与勘察

1 应搜集水毁路段原有公路的勘察、设计、养护维修、灾后重建,以及沿线地形、地貌、水文、地质、气象等基础资料。
2 查明路基水毁范围、规模、类型、发展趋势及对公路的危害程度。
3 通过现场调查和地质勘察等措施,查明原有路基填料特性、地基岩土类型及物理力学指标。
4 对边坡滑塌、路基沉陷、大型滑坡、泥石流的水毁工点,应进行详细的地质勘察和典型断面测绘。
5 查明崩塌地段地形、地貌、地质情况,危岩、崩坍的类型、范围、成因及对公路的危害程度。
6 查明路基支挡防护工程的原有构造物砌筑材料类型、地质状况、防洪标准、断面尺寸、损坏程度。对挡土墙墙身开裂、外倾、侧移,以及防护网破坏、抗滑桩(或桩板墙)变形、锚杆或锚索框格梁扭曲和断裂等进行必要的测量。
7 对排水系统的结构类型、断面尺寸、使用性能、损害程度进行调查、测量。
8 应根据滑坡规模大小和潜在的危害程度进行详细的地质勘察。
(1)应详细收集区域大气降雨、地下水位动态及附加荷载等数据,科学合理地进行滑坡稳定性评价。

（2）滑坡勘察主要采用地面测绘与钻探、井探、槽探等方法，必要时可采用硐探和地球物理方法。应重点查明滑坡体、滑带和滑床的成因、类型、规模、结构特征、发展趋势以及对公路的危害程度，查清滑带的基本性状和物理力学特征。

（3）滑坡区及邻区工程地质调查与测绘应按相关要求提供滑坡工程地质平面图、沿主滑方向的主剖面及相关剖面图、横断面图等。

（4）在滑坡勘察中，应因地制宜地进行相应的滑坡地面变形、深部位移、地下水动态等监测，为工程设计、施工提供充分依据。

（5）根据滑坡的变形破坏过程和地质环境，进行相应的物理力学试验，提供滑体天然重度、饱和重度、滑带土的峰值和残余抗剪强度、滑床地基承载力、地下水位以及孔隙水压力等，并结合反演法和类比法，采用合理的设计参数。

9 应查明泥石流分布范围、成因类型、规模、特征、活动规律、发展趋势及对公路危害程度，以及泥石流堆积区物质组成和分布形态、冲淤特征和冲击搬运能力、停淤坡度等。

10 路面水毁病害调查应详细收集原有公路路面历年养护资料，分类分析路面水毁现状，并搜集沿线地质、水文、地形、地貌、气象等资料，查明原有路面结构类型及厚度。

### 3.1.3 病害处治措施

1 对于路基浅层裂缝，一般进行路面开槽后，对路床范围内的裂缝采用灌浆、灌砂处治，设置必要的防水封层，恢复路面结构。对于深层路基裂缝，路面开槽后采用扩孔灌浆、灌砂进行填缝，填缝材料应捣实，填塞完毕后设置不小于30cm厚的灰土防水层，恢复路面结构。

2 对于路基沉陷，当路基含水率较大、软弱层厚度较小（小于3m）时，可采用换填处理。对于软弱层较厚的路基沉陷，可采用水泥灰土桩、碎石桩等处治措施，并合理设置拦、截、排、疏、导排水系统，增设必要的支挡防护工程。当低填浅挖路段地基含水率大、地下水丰富时，宜选用碎石、砾石、粗砂等粗粒料进行换填处理，并加强排水设计。

3 对于路基滑移，应结合路基断面形式，采取设置抗滑挡土墙、抗滑桩或桩板墙、反压护道等措施进行处理，并增设必要的疏排地表水、地下水等设施提高路基稳定性。路基滑塌处治示例见附录C。

4 对于易冲蚀和坍塌的土石挖方边坡，根据地形、地质、岩土体特性，可采取设置内护墙、护面墙、框格梁等防护措施，并完善坡面防排水设施。对于含水率较高、坡面较缓，且易发生滑塌的土质挖方边坡，可采取坡脚设置铅丝石笼等柔性防护措施。对于风化严重、易碎落的石质挖方边坡，可采取清理危石、设置挡渣墙和防护网等措施。对于边坡较陡、影响行车安全和道路使用功能的路段，可采取放缓坡率、增补亏损边坡等治理措施，增强路基边坡稳定性。

5 沿河路段防护设施应根据地形、地质条件、地基承载力以及水文资料进行冲刷验算，合理确定基础埋置深度，河弯路段宜适当增加安全值。水文相关计算参照附录D。

6 路基支挡防护工程宜采用混凝土或钢筋混凝土结构。对于损坏的支挡防护工程，宜参照原有结构类型进行设计，并做好与既有防护设施的衔接处理。对于冲刷严重、影响结构安全和路基稳定的支挡防护设施，为减小河床冲刷、防止基础外露，可通过设置石笼、护裙、护坦等辅助设施增强主体工程的抗灾能力。水毁修复时常用的路基支挡防护设施类型见表3.1.3-1，挡土墙截面主要尺寸可参照附录E。

常用路基支挡防护设施类型表　　　　表3.1.3-1

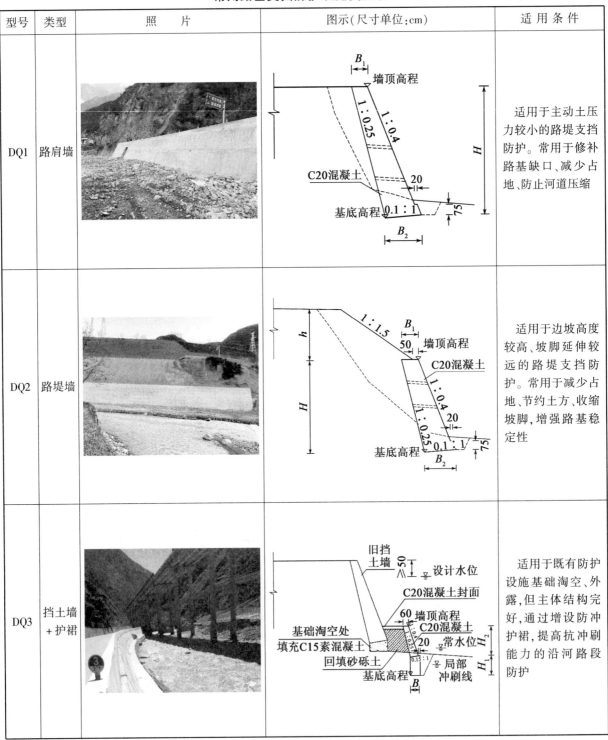

| 型号 | 类型 | 照片 | 图示(尺寸单位:cm) | 适用条件 |
|---|---|---|---|---|
| DQ1 | 路肩墙 | | | 适用于主动土压力较小的路堤支挡防护。常用于修补路基缺口、减少占地、防止河道压缩 |
| DQ2 | 路堤墙 | | | 适用于边坡高度较高、坡脚延伸较远的路堤支挡防护。常用于减少占地、节约土方、收缩坡脚，增强路基稳定性 |
| DQ3 | 挡土墙+护裙 | | | 适用于既有防护设施基础淘空、外露，但主体结构完好，通过增设防冲护裙，提高抗冲刷能力的沿河路段防护 |

续上表

| 型号 | 类型 | 照片 | 图示(尺寸单位:cm) | 适用条件 |
|---|---|---|---|---|
| DQ4 | 驳岸墙 | | | 保护岸坡或构造物不受洪水冲刷影响的防护设施 |
| DQ5 | 内护墙 | | | 适用于土质或风化严重的岩质边坡,易发生碎落、崩塌等不稳定斜坡的挖方路段边坡防护 |
| DQ6 | 护面墙 | | | 适用于土质或易风化剥落的软质岩、较破碎的硬质岩及夹有松散层的挖方路段坡面防护 |
| DQ7 | 挡渣墙 | | | 适用于路基上边坡土体松散,易发生崩塌、碎落的挖方路段,且具备设置挡渣墙及蓄渣池条件的地段 |

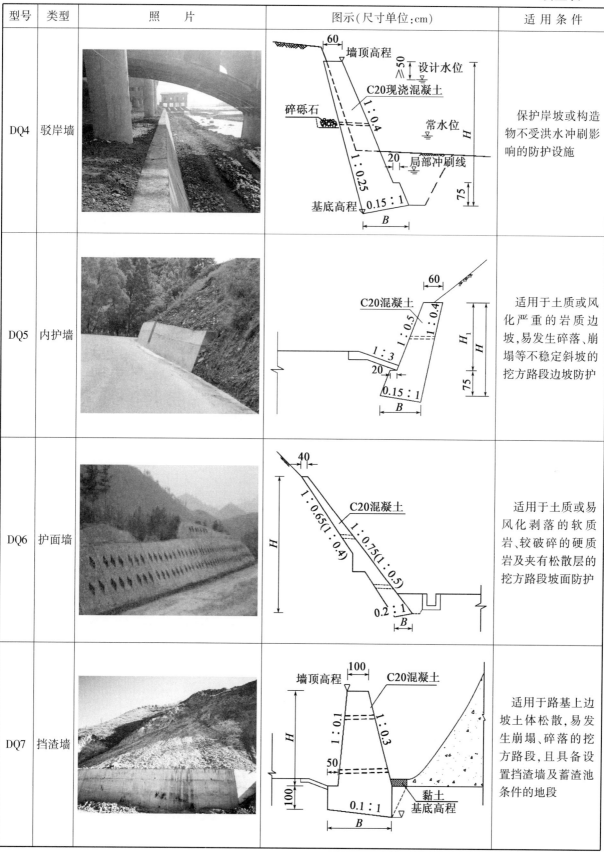

续上表

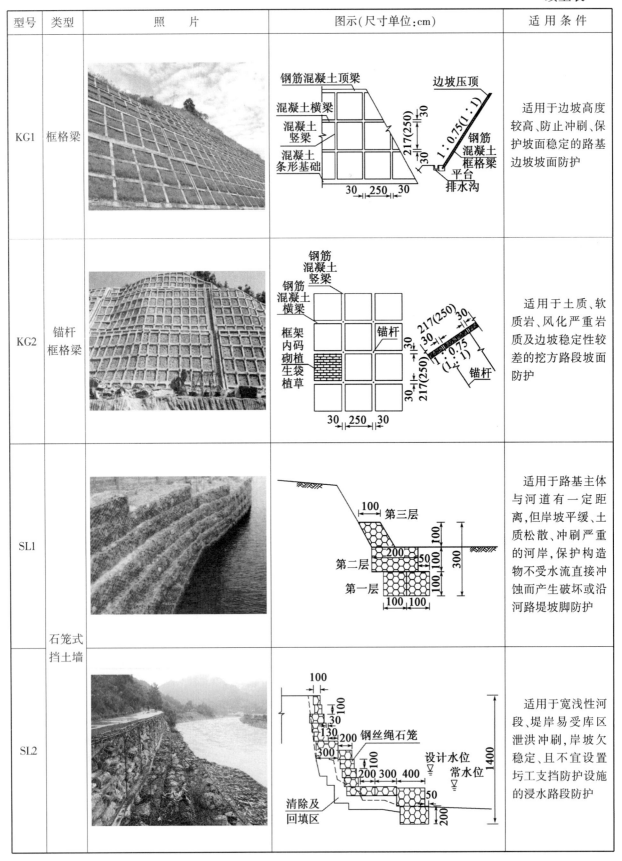

<table>
<tr><th>型号</th><th>类型</th><th>照　片</th><th>图示(尺寸单位:cm)</th><th>适用条件</th></tr>
<tr><td>KG1</td><td>框格梁</td><td></td><td></td><td>适用于边坡高度较高、防止冲刷、保护坡面稳定的路基边坡坡面防护</td></tr>
<tr><td>KG2</td><td>锚杆框格梁</td><td></td><td></td><td>适用于土质、软质岩、风化严重岩质及边坡稳定性较差的挖方路段坡面防护</td></tr>
<tr><td>SL1</td><td rowspan="2">石笼式挡土墙</td><td></td><td></td><td>适用于路基主体与河道有一定距离，但岸坡平缓、土质松散、冲刷严重的河岸，保护构造物不受水流直接冲蚀而产生破坏或沿河路堤坡脚防护</td></tr>
<tr><td>SL2</td><td></td><td></td><td>适用于宽浅性河段、堤岸易受库区泄洪冲刷，岸坡欠稳定、且不宜设置圬工支挡防护设施的浸水路段防护</td></tr>
</table>

续上表

| 型号 | 类型 | 照片 | 图示(尺寸单位:cm) | 适用条件 |
|---|---|---|---|---|
| SL3 | 石笼式挡土墙 |  | 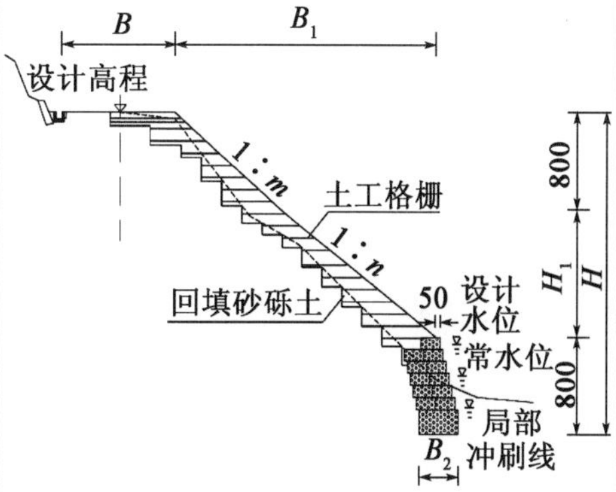 | 适用于路堤边坡高度较高、河床比降大、冲刷较大、暴洪时坡脚易受漂石冲击的路基防护 |
| SL4 | |  | 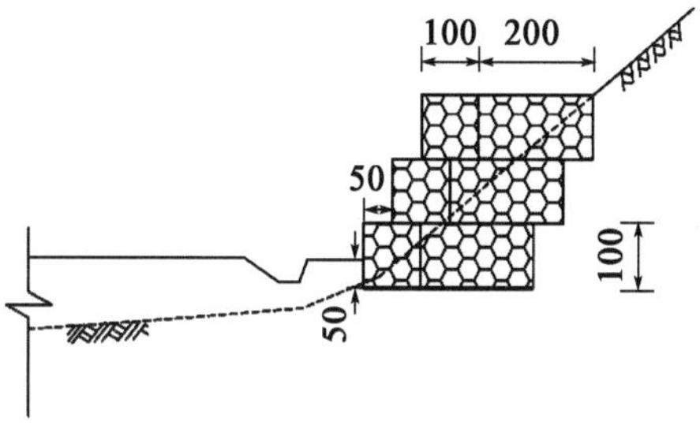 | 适用于边坡土体含水率较高、坡面较缓,且易发生溜滑的挖方路基坡脚防护 |

7  对于路基、路面易受洪水淹没的临河路段,有条件时可采取抬高路基后加铺路面、完善防排水设施的处治措施。对于易发生崩塌、落石路段,可采用水泥混凝土路面。对于路基水毁引起的路面破坏应重新铺筑路面结构层,并与路基同步设计、同步施工。

8  应全面核查边沟、排水沟、截水沟、急流槽等排水设施的使用功能,完善必要的防排水系统。排水设施遭遇掩埋、破损、断裂等情况时,应分类型进行修复。路基垮塌、边坡滑塌等造成的排水设施破坏,应结合地形、地貌和路基修复措施重新设计。

9  边沟一般采用三角形、浅碟形、矩形或梯形断面。对地形平坦、纵坡平缓、汇水面积较小的低填浅挖路段,应优先选用三角形、浅碟形边沟形式,村镇路段可采用盖板边沟。路基排水设施类型见表3.1.3-2。

**路基排水设施类型示例**　　　　　　　　表 3.1.3-2

| 型号 | 类型 | 照片 | 图示(尺寸单位:cm) | 适用条件 |
|---|---|---|---|---|
| PS1 | 三角形边沟 |  | 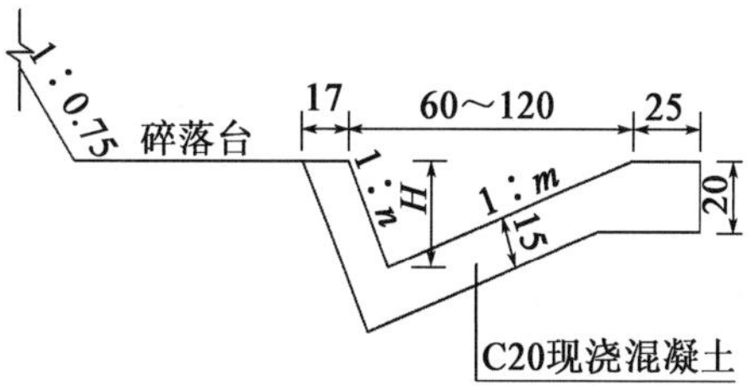 | 适用于地面横坡较缓、汇水量较小的低填浅挖路段,可有效增加安全净区 |

9

续上表

| 型号 | 类型 | 照 片 | 图示(尺寸单位:cm) | 适用条件 |
|---|---|---|---|---|
| PS2 | L形边沟 |  | 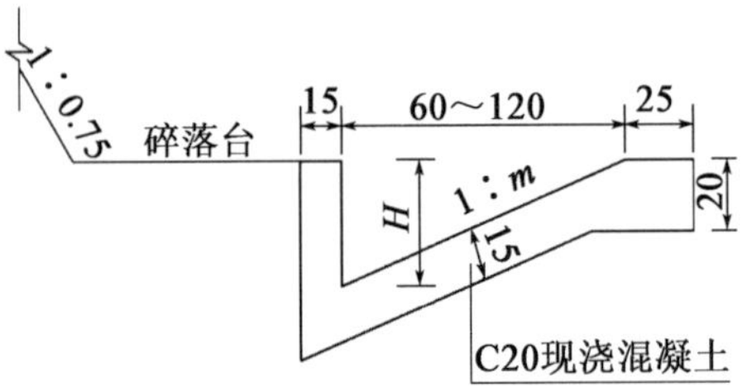 | 适用于地形、地物等侧向宽度受限,地面横坡较缓、汇水量较小的低填浅挖路段,可有效增加安全净区 |
| PS3 | 浅碟形边沟 |  | 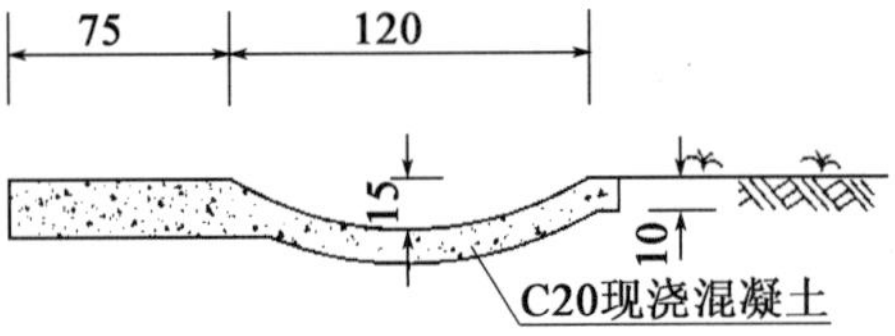 | 适用于地形平坦、纵坡平缓、汇水量较小的低填浅挖路段 |
| PS4 | 排水沟 |  | 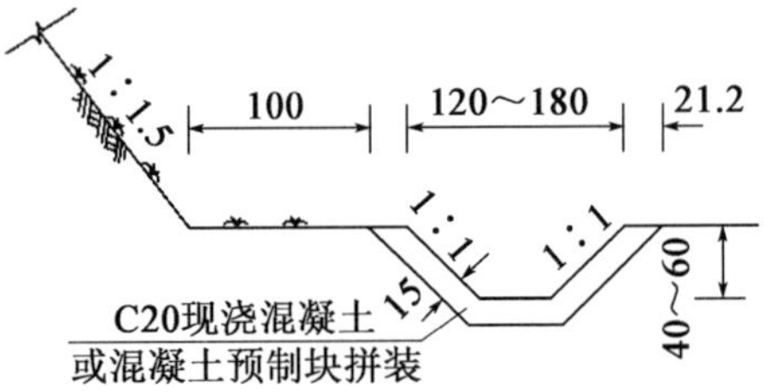 | 适用于填方路基坡脚排除坡面和路界地表汇水,或引排边沟、急流槽汇水 |
| PS5 | 截水沟 |  | 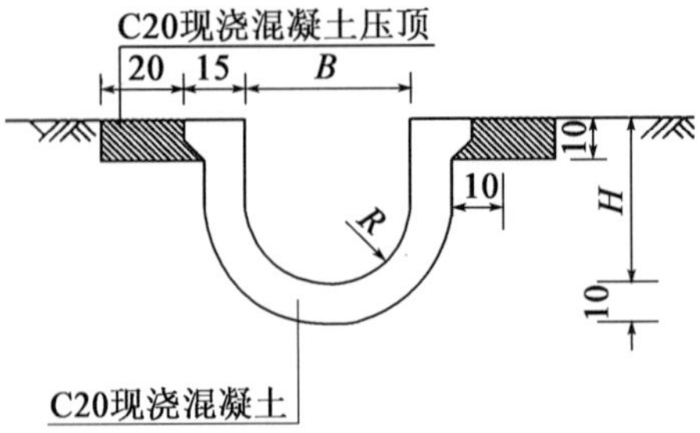 | 适用于挖方路段或斜坡路堤上方。常用于拦截、排除边坡上方流向路基的地表径流,布设于路堑坡顶5m或路堤坡脚2m以外 |

续上表

| 型号 | 类型 | 照片 | 图示(尺寸单位:cm) | 适用条件 |
|---|---|---|---|---|
| PS6 | 急流槽 | | | 适用于路堤、路堑坡面或者坡面平台上向下竖向集中排水的地段。常用于引排边沟、排水沟、截水沟、拦水带等路基路面汇水 |
| PS7 | 跌水 | | 注：$u=\dfrac{n}{\sqrt{n^2+1}}$ | 适用于陡坡或沟谷地段，且有汇水跌落的消能结构物。常用于减缓水流速度、避免冲刷 |
| PS8 | 平台排水沟 | | | 适用于深路堑或高路堤边坡坡面中部，常用于拦截、排除坡面汇水，减少坡面冲刷 |
| PS9 | 渗沟 | | | 适用于有地下水出露的挖方路基、斜坡路堤、路基填挖交替地段，或坡面赋存有地下水、坡体土质潮湿、无集中的地下水流但危及路基安全的地段 |

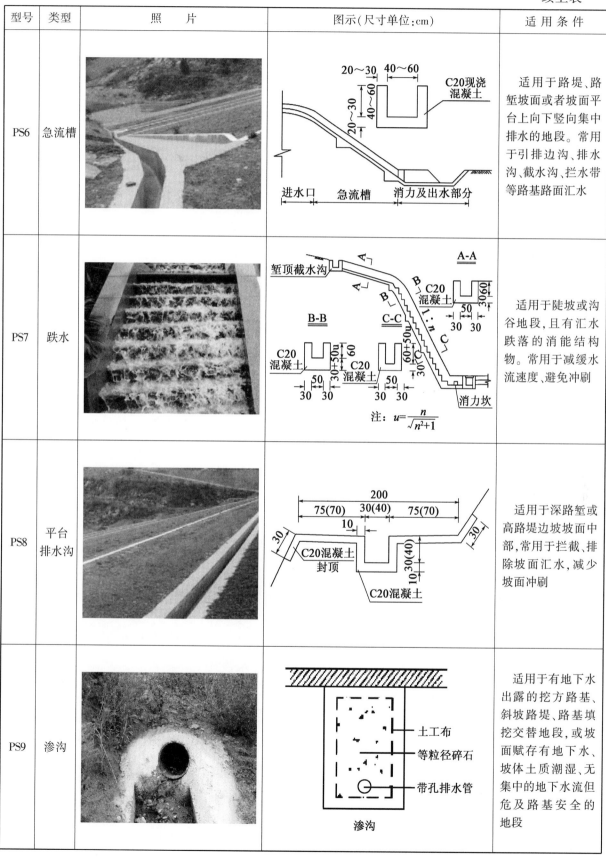

续上表

| 型号 | 类型 | 照 片 | 图示(尺寸单位:cm) | 适用条件 |
|---|---|---|---|---|
| PS10 | 仰斜式排水管 |  | 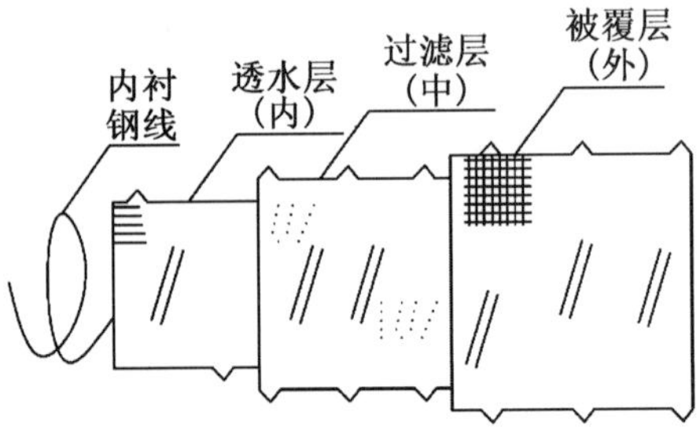 内衬钢线　透水层(内)　过滤层(中)　被覆层(外) | 适用于坡面有集中地下水,以及排除路基边坡坡体内覆盖层孔隙水及基岩裂隙水的地段 |

10　路基边坡坡体内覆盖层有孔隙水及基岩裂隙水时,可设置仰斜式排水管,减小边坡渗水对公路的危害。

11　恢复重建路段应重点加强和细化防排水设施设计,局部地形复杂、地质不良地段,应提供排水系统的细部构造图和平纵布置图。

12　因水毁引起的滑坡,应根据工程地质勘察资料,结合稳定性验算,经多方案技术经济比较,合理确定处治措施。

（1）对路基危害严重的大型滑坡,应优先采用改线绕避方案。

（2）对于小型滑坡,应根据滑坡范围、类型、规模、特征、工程地质条件、稳定性及对公路危害程度、施工条件等因素,采取减载、反压、支挡、完善防排水设施等综合处治措施。

（3）滑坡稳定性计算应根据地质勘察资料,结合滑面类型和滑体物质组成、地质条件的复杂性选用极限平衡法或数值模拟强度折减法。滑坡稳定性评价可参照现行《滑坡防治设计规范》(GB/T 38509)有关规定。

（4）牵引式斜坡和膨胀性土体引起的滑坡不宜采用卸载减压。堆载反压应根据加固边坡的整体稳定性,验算确定堆载反压量。推移式滑坡或由错落转化的滑坡,宜采用滑坡后缘减载、前缘反压措施。

（5）抗滑挡土墙宜设置在滑坡前缘,与排水、减载、锚固等措施结合使用。当抗滑挡土墙基础埋置深度较大、土体稳定性较差时,应采取临时支挡措施。

（6）完善防排水设施包括在滑坡体边缘外设置截水沟等地表排水设施,在滑坡体内设置纵横向或树枝状盲(渗)沟、仰斜式排水管等地下排水设施。

（7）应加强施工安全监测、防治效果监测和动态监测。

13　因水毁引起的崩塌,应根据崩塌地段地形、地貌、地质情况,结合围岩、崩塌类型、范围及对公路的危害程度,以及崩塌发展趋势、稳定性评价,合理确定路线位置及综合处治措施。

（1）对可能发生大规模崩塌或大范围的危岩、落石地段,应采取绕避方案。

（2）对中小型崩塌、危岩体,当绕避困难时,路基应避免高填、深挖,并远离崩塌物堆积区,可采取拦截、清除、加固等综合处治措施。

（3）对规模较小的危岩、崩塌体,可采取清除、支挡、挂网等处治措施,也可采用柔性防

# 3 公路水毁病害处治措施

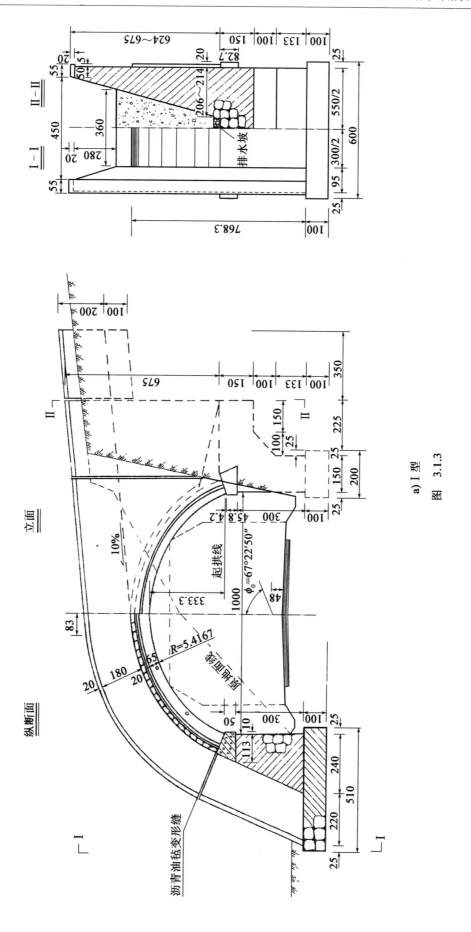

a) Ⅰ型

图 3.1.3

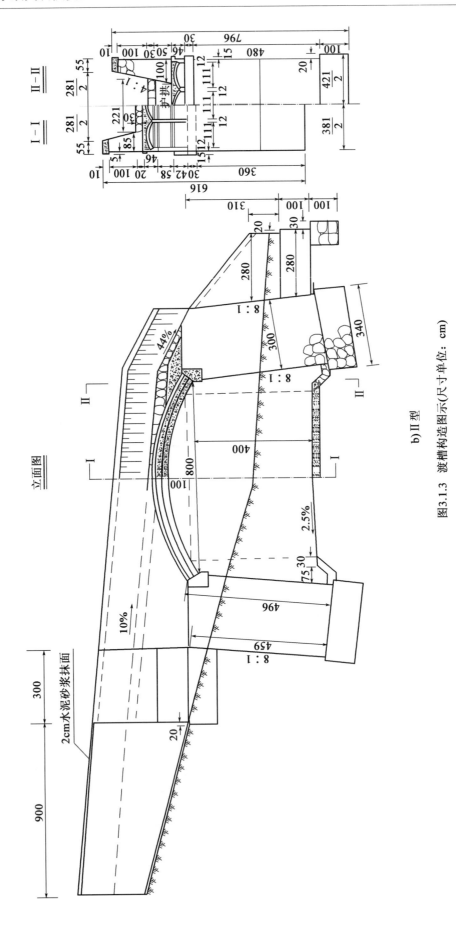

b) II 型

图3.1.3　渡槽构造图示(尺寸单位：cm)

护系统或设置挡渣墙等构造物。

（4）对边坡或自然坡面岩体较为完整、表层风化易形成小块岩石呈零星坠落的地段，宜进行坡面防护。

14 路线通过泥石流地段，应根据泥石流的分布范围、成因类型、规模、特征、活动规律、发展趋势及对公路危害程度等，合理选择路线绕避或跨越、排导、拦截、恢复植被和坡面防护、水土保持等综合治理措施。泥石流冲击力、流速、流量计算方法参照附录F。

（1）泥石流的防治，一般在沟谷上游以治水为主（利用截、排水设施拦截地表径流），中游以治土为主（利用拦挡坝等支挡工程拦截泥石流，对沟岸进行支挡），下游以排导为主（利用导流槽、渡槽、棚洞等排除泥石流）。

（2）对于泥石流发展强烈的形成区、大型泥石流及泥石流群路段，应采取绕避方案。

（3）对于无法绕避的中、小型泥石流沟，路线线位与泥石流沟交叉处，应选择在泥石流流通区或沟床稳定地段设置桥梁等构造物跨越。

（4）对于以冲击危害为主的沟谷型泥石流，上游有停淤条件时可修建拦挡坝等；无停淤条件时，可修建导流设施，加大过流净空。对于以淤积危害为主的沟谷型泥石流，如堆积扇坡度接近停淤坡度，可修建排导槽使泥石流快速排至下游。如堆积扇坡度大于停淤坡度，可修建拦挡坝、导流堤调导泥石流流向和停淤位置。

（5）渡槽应具有坚固的基础，进口段应设置于泥石流沟床稳定地段，与泥石流沟岸平顺衔接，槽底纵坡应接近天然沟道流通段的平均纵坡，防止泥石流通过时产生淤积或漫溢。出口部分应尽可能使泥石流抛流距离远离排导结构末端，保证渡槽结构安全。渡槽构造图示如图3.1.3所示。

（6）穿越小型坡面泥石流沟的过水路面，路面应采用水泥混凝土或钢筋混凝土，路基横断面应采用水泥混凝土进行封闭，路基坡脚应设抑水墙。

## 3.2 桥梁、涵洞

### 3.2.1 病害类型

1 洪水、泥石流引起的桥梁垮塌。
2 由于坡面落石或路基土体挤压等导致的梁板移位、桥面系破损和开裂。
3 由于洪水、漂浮物、泥石流撞击导致的桥梁墩台破损、开裂。
4 由洪水冲刷引起的桥梁墩台基础外露，锥坡、驳岸、导流堤等附属设施损坏。
5 桥梁涵洞沉降、淤积，急流槽等排水设施破损、损坏等。

### 3.2.2 病害调查与勘察

1 收集原有桥涵设计、施工、竣工、养护等基础资料，以及沿线地形、地质、水文、气象及洪痕位置等资料。

2 查明桥位上下游水利设施分布、规模,既有调治构造物及支挡防护工程布设情况。

3 检查桥梁是否存在落梁,墩台破损开裂、梁体移位,基础外露等病害。必要时对受灾桥梁进行检测评估。

4 检查桥面铺装、人行道、护栏等破损情况。

5 检查桥梁墩台防护、导流设施损毁情况,桥头引道的病害情况等。

6 对于水毁恢复重建的桥涵构造物,应通过地质勘察,查明构造物所在区域地形、地貌,不良地质、岩土的物理力学性质、地下水等情况。

7 调查涵洞位置、孔径、净高、长度、结构类型、基础形式、损毁情况及可利用程度等。

### 3.2.3 病害处治措施

桥涵构造物水毁病害处治应结合水毁调查,明确成因及影响范围,根据专业检测评估报告、地质勘察报告、水文水力计算等,对受损结构从技术、经济、施工难易程度等多方面进行必要的方案比选,综合论证后合理确定处治措施。

1 对冲毁桥梁进行重建时,应结合地区规划以及道路使用功能合理确定重建方案,新建桥梁设计标准宜按照现行标准执行。对无利用价值的工程结构,应全部拆除并恢复河道原貌。桥梁水毁重建示例见附录C。

2 对于河床比降大、河床冲刷严重的跨河桥梁,桥台与桥头路基相接段支挡防护设施应设置过渡段,过渡段长度不宜小于桥梁单孔跨径,支挡防护设施的设计洪水频率不宜低于桥梁设计洪水频率,并验算基础冲刷深度。水文相关计算参照附录D。

3 受损梁板出现的裂缝病害,可通过封闭或注胶处理。梁板出现的混凝土剥落、钢筋锈蚀的部位,采取除锈、聚合物砂浆修补。损伤较严重的梁板采用粘贴钢板、粘贴碳纤维布或体外预应力等措施进行加固。对损伤严重、承载能力不足的梁板应进行更换。

4 采用顶升、顶推等措施对移位的梁体进行恢复,通过增设墩台限位装置等措施,增强梁板的稳定性。对损坏的支座应予以更换,对脱空的支座可采用填塞钢板或其他措施确保支座与梁体密贴。

5 防震挡块的裂缝可采用注浆法封闭,损伤严重的挡块应凿除原有混凝土,植筋后重新浇筑混凝土。缺少挡块的桥梁宜增设挡块或采用横桥向弹塑性阻尼器代替挡块。

6 桥墩裂缝宽度小于0.15mm时,应对裂缝进行封闭;桥墩裂缝宽度为0.15~0.3mm时,应对裂缝进行灌浆注浆处理;桥墩裂缝宽度大于0.3mm,裂缝深度达到受力钢筋但未超过桥墩截面高度的1/6,且裂缝深度未超过300mm时,应凿除裂缝或采用灌浆进行处理,可采用增大截面法、外包钢管法等对桥墩进行加固。桥墩加固措施示意图如图3.2.3-1所示。

7 对于损坏的桥台锥坡应进行恢复,锥坡及基础宜采用混凝土,基础受冲刷影响时,埋置深度应埋置于一般冲刷线以下不小于1m。锥坡填料应采用砂砾类土夯填密实。锥坡基础受水流冲刷影响严重时,可增设石笼等防护措施。桥台锥坡防护示意图如图3.2.3-2所示。

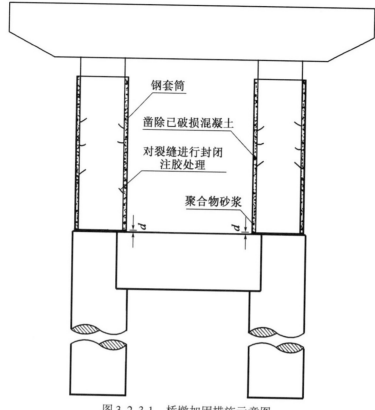

图 3.2.3-1 桥墩加固措施示意图

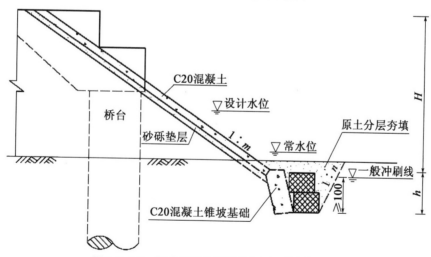

图 3.2.3-2 桥台锥坡防护示意图(尺寸单位:cm)

设置于陡坎地段的急流槽,宜采用混凝土或钢筋混凝土结构,或采用高密度聚乙烯管(HDPE)、金属管、金属矩形槽等,必要时增设混凝土基座。防排水设施进出口应做到"早接远送",与天然河道自然衔接。

8 水流冲刷引起的桥梁桩基外露,需验算桩基承载力。如桩基承载力不满足要求,可采取补强措施提高桩基承载力。桩基承载力满足要求时,对外露破损部位进行修复,防止桩基继续受冲刷或漂浮物撞击。

对桩基外露混凝土保护层小范围剥落、局部轻微破损的病害,采用聚合物砂浆修复;对混凝土保护层局部松散、开裂、箍筋外露、锈蚀的病害,采用挂设钢筋网片,浇筑小石子混凝土或高强聚合物砂浆修补;对混凝土破损开裂,箍筋损坏,主筋外露、锈蚀,桩基截面出现缩径现象的情况,采取增设补强钢筋及箍筋,浇筑小石子混凝土或外包钢套筒等措施进行修补。桥梁桩基外露修复示意图如图 3.2.3-3 所示。

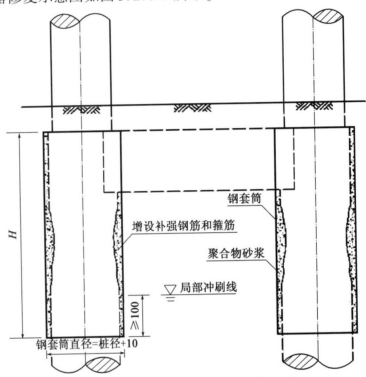

图 3.2.3-3 桥梁桩基外露修复示意图(尺寸单位:cm)

9 对于河床纵坡较大、冲刷严重的中小桥,可通过铺砌硬化河床等措施,改善水流对基础的冲刷影响。对于局部冲刷较大的桩基,可设置混凝土减冲设施。桩基局部减冲措施示意图如图 3.2.3-4 所示。

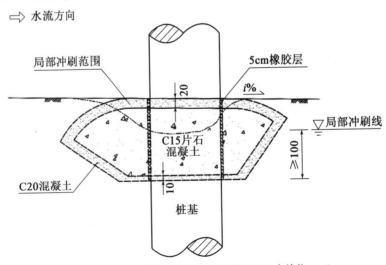

图 3.2.3-4 桩基局部减冲措施示意图(尺寸单位:cm)

为防止洪水、泥石流及夹杂的漂浮物等撞击桥墩、桩基,对于撞击轻微的采用 I 型防护,撞击严重的采用Ⅱ型防护,如图3.2.3-5所示。

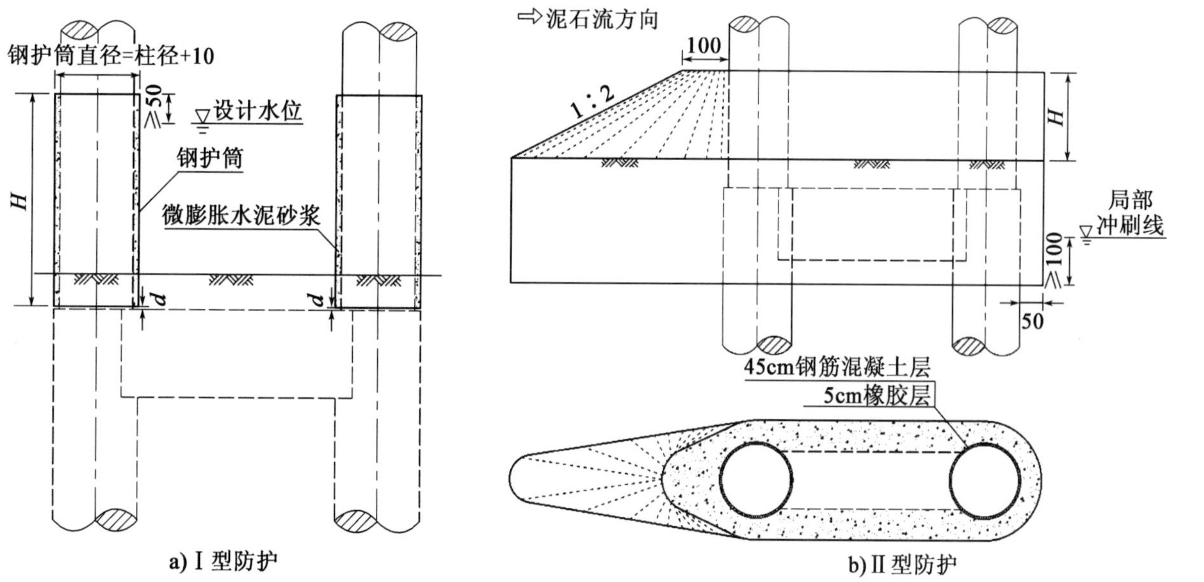

图3.2.3-5 桥墩桩基础防撞措施示意图(尺寸单位:cm)

10　桥梁墩台扩大基础冲刷严重、出现脱空现象时,可采用混凝土回填、增设河床铺砌等措施。

11　对于重建涵洞,应结合地形、地质、水文等因素合理确定涵洞的位置和结构形式。水文计算参照现行《公路涵洞设计规范》(JTG/T 3365-02)的有关规定。

对涵洞主体及其附属结构发生损坏的部位应加强修复,并完善相应的防护及防排水设施。对因水毁引起的涵洞堵塞,应及时进行清理。

12　对涵洞台身出现裂缝等病害的部分盖板涵、拱涵,当施工条件受限、且不能中断交通的路段,在泄洪断面满足要求的前提下,可采取在既有涵洞内套装混凝土箱涵、钢波纹管涵等处治措施,对空隙部分采用混凝土等进行填充。涵洞套装示意图如图3.2.3-6所示。

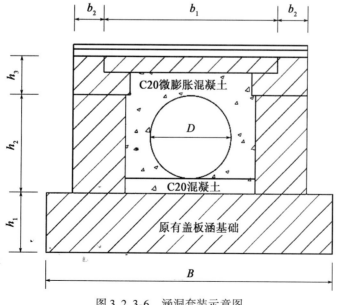

图3.2.3-6　涵洞套装示意图

## 3.3 隧道

### 3.3.1 病害类型

1 洞口边仰坡地表开裂、山体滑塌，支挡防护工程出现裂缝、倾斜、下沉，截排水沟淤塞、开裂、破损等。
2 洞门墙体开裂、下沉、倾斜、垮塌等。
3 路面标线及涂装脏污、破损等。

### 3.3.2 病害调查与勘察

1 收集原有隧道设计、竣工、养护等基础资料，以及沿线地形、地质、水文、气象等资料。
2 查明洞口边仰坡山体滑塌范围、规模、发展趋势及对公路的危害程度。
3 查明原有支挡防护设施的砌筑材料、地质状况、断面尺寸、损坏程度等。
4 检查洞口排水系统破损情况，查明排水系统的结构类型、断面尺寸等。
5 调查路面标线及涂装脏污现状、破损程度。

### 3.3.3 病害处治措施

1 根据边仰坡稳定情况，采取增设防护网、喷锚、支挡或接长明洞、棚洞等措施。
2 对受损的隧道洞门墙体、边仰坡防护工程、截排水沟等进行维修加固或拆除重建，完善必要的防排水设施设计。
3 对隧道洞口的危石进行清除，对脏污的路面标线、涂装及时进行清理，对破损的标线、涂装及路面进行修补。

# 4 工程造价

**4.0.1** 公路水毁灾后恢复重建工程,应在相应设计阶段编制概(预)算文件。采用方案设计的水毁工程,应编制设计概算;采用一阶段施工图设计的水毁工程,应编制施工图预算。

农村公路水毁灾后恢复工程按现行《农村公路养护预算编制办法》(JTG/T 5640)的有关规定执行,其他等级公路水毁灾后恢复工程按《甘肃省公路养护工程预算编制办法及配套定额(试行)》(甘交公路〔2018〕13 号)进行编制。

公路水毁灾后重建工程按现行《公路工程建设项目概算预算编制办法》(JTG 3830)、《甘肃省执行交通运输部〈公路工程建设项目投资估算编制办法〉〈公路工程建设项目概算预算编制办法〉的补充规定》(甘交建设〔2020〕6 号)以及交通运输行业主管部门最新发布的有关文件进行编制。

**4.0.2** 概(预)算文件分多段编制时,应按照《公路工程建设项目概算预算编制办法》(JTG 3830)的相关要求编制,统一编制原则,按累进制计算的工程建设其他费应以各分段汇总的定额建筑安装工程费为基数进行计算。

**4.0.3** 编制说明应包括编制范围、工程概况、采用的定额、费率标准,人工、材料、机械预算单价的依据,有关协议、会议纪要的主要内容,概(预)算总金额、人工及钢材、水泥、沥青等材料用量,其他有关费用计价依据,采用的公路工程造价软件名称及版本号,其他需要说明的问题等。

**4.0.4** 材料原价按"价税分离、材料原价不含增值税(可抵扣进项税额)"的计价规则,外购材料一般应采用在甘肃省交通工程质量安全监督管理局网站(www.gsjtzj.com)或《甘肃公路工程造价信息》期刊上定期发布的甘肃省公路工程外购材料调查价格、综合价格计取。

外购的地方性砂、石等材料按实际调查价格计算,应重点加强料场分布情况、石料品质、供应价格的调查工作;自采加工材料按定额开采单价加辅助生产间接费和矿产资源费(如有)计算。

**4.0.5** 公路水毁灾后恢复重建工程沥青混合料拌和站、水泥混凝土拌和站、桥梁预制厂等,应结合项目实际特点及调查,以"经济、合理、安全、环保"为原则进行设置。拌和站(厂)应尽量利用已有的养护工区,如无可利用拌和站(厂),应考虑经济运距、减少占地、降低投资,可每 50km 设置一处拌和站(厂)辐射周边 100km 范围内工程项目建设需要,或考虑购买成品,运距超过 15km 时,按社会运输计算运费。

**4.0.6** 公路水毁灾后恢复工程原则上不应新增占地,重建工程需要征用土地的按《甘肃省人民政府关于印发陇南等地暴雨洪涝灾害灾后恢复重建总体规划的通知》(甘政发

〔2020〕51号)的有关规定执行,占用耕地的不计取耕地开垦费。

**4.0.7** 公路施工期间交通维护费以各类工程定额直接费之和为计算基数,恢复工程按2.5%计取,重建工程按2.0%计取。若能提供"道路施工安全设施设置"的相关工程量,应套用相应定额进行计算。

**4.0.8** 有临时抢险、保通的水毁恢复重建工程,抢险及保通工程费计入临时工程费用中。临时抢险保通设施应尽量用作施工临时工程,以节约工程费用。

**4.0.9** 公路水毁灾后重建工程应按甘交建设〔2020〕6号的有关规定计取基本预备费。原则上不计列信息化管理费,如需计列,按照甘交公路〔2018〕13号的有关规定计取。

# 附录 A 公路水毁灾后恢复重建工程项目方案设计文件编制内容

公路水毁灾后恢复重建工程项目方案设计文件编制内容一览表　　表 A.1

| 分类 | 序号 | 编制内容 | 编制要求 |
|---|---|---|---|
| 设计说明 | 1 | 项目概况 | 简要说明项目背景、技术标准、路线起讫点、中间控制点、全长、工程基本情况等 |
| | 2 | 设计依据 | 列出水毁灾后恢复重建工程设计相关法律法规、标准规范、项目有关文件(包括施工图、竣工图、水毁检查报告等) |
| | 3 | 水毁灾后恢复重建工程概况 | 概述水毁灾后恢复重建工程的发生过程,描述突发事件发展规模、所处阶段,所产生的不利现状 |
| | 4 | 病害分析 | 根据项目有关文件(施工图、竣工图、水毁检查报告),结合发生过程、现场调查情况划分类型,分析成因,评估安全稳定状况,以及对公路安全的影响 |
| | 5 | 水毁处治方案 | 包括不同部位不同阶段的处治方案和处治顺序,可分期分批组织实施 |
| | 6 | 施工工艺及要求 | 包含所用措施的材料指标、施工要点,质量控制与检验标准、施工注意事项等内容 |
| | 7 | 监测方案(如需) | 包含监测目的、监测内容、监测方法、控制标准、测点布置、监测频率、监测报告等内容 |
| | 8 | 问题与建议 | 对设计中存在的不足以及施工过程中可能遇到的问题,提供建设性意见 |
| 设计图表 | 1 | 现状示意图 | 绘出水毁灾后恢复重建工程处治对象的现状示意图,可包含立面(平面)示意图,剖面示意图,标出工点的桩号范围,病害示意位置,图中列出工点的原结构形式以及主要病害一览表 |
| | 2 | 处治示意图 | 在病害现状示意图的基础上绘出病害处治范围,处治措施,主要技术要求等 |
| | 3 | 水毁处治措施类型设计图 | 绘出处治方案中所涉及的水毁处治措施类型的具体设计图,包含细部构件,结构类型、主要尺寸及规格等 |
| | 4 | 水毁灾后恢复重建工程主要工程数量表 | 列出拟采取措施的起讫桩号、位置、处治长度、工程类别、规格、工程量等 |
| 基础资料 | 1 | | 相关部门的批准文件、地质勘察资料(如有)、检测及评价报告(如有)、水文调查与计算资料、结构计算书等内容 |

# 附录 B  公路水毁灾后恢复重建工程项目施工图设计文件编制内容

公路水毁灾后恢复重建工程项目施工图设计文件编制内容一览表　　表 B.1

| 文件组成 | 序号 | 编制内容 | 编制要求 |
|---|---|---|---|
| 第一篇<br>总体设计 | 1 | 项目地理位置图 | |
| | 2 | 说明书 | (1)任务依据及设计范围；<br>(2)技术标准；<br>(3)水毁工程项目概况；<br>(4)病害调查与勘察总体情况说明；<br>(5)方案设计审查及批复意见执行情况；<br>(6)沿线地形、气候、水文等自然地理特征；<br>(7)各项工程有关技术问题及注意事项；<br>(8)新技术、新材料、新设备、新工艺的采用等情况；<br>(9)其他需要说明的情况 |
| | 3 | 附件 | (1)方案设计审查及批复意见；<br>(2)测设合同(或委托函)；<br>(3)有关部门的意见及协议、纪要等 |
| 第二篇<br>路线 | 1 | 说明 | (1)路线平面、纵断面设计说明；<br>(2)施工注意事项 |
| | 2 | 水毁工程路线平面图 | 必要时可与总体设计图合并绘图 |
| | 3 | 水毁工程路线纵断面图 | 对应水毁工程实施路段 |
| | 4 | 直线、曲线及转角表 | 对应水毁工程实施路段 |
| | 5 | 纵坡、竖曲线表 | 对应水毁工程实施路段征地图表、拆迁表、青苗赔偿等涉及征地拆迁时应统计相应数量 |
| | 6 | 路线逐桩坐标表 | |
| | 7 | 控制测量成果表 | |
| 第三篇<br>路基 | 1 | 说明 | (1)路基水毁工程基本概况；<br>(2)路基病害调查与评价；<br>(3)路基水毁工程设计标准及方案；<br>(4)材料性能要求、主要施工工艺、质量验收标准等；<br>(5)施工方法及注意事项；<br>(6)对滑坡等灾害防治工程重要工点动态设计及监测方案说明 |

续上表

| 文件组成 | 序号 | 编制内容 | 编制要求 |
|---|---|---|---|
| 第三篇 路基 | 2 | 路基标准横断面图 | 原公路路基标准横断面图 |
| | 3 | 路基病害分布图(表) | 列出沿线所有路基病害的类型、位置(桩号)、程度、规模等病害信息 |
| | 4 | 路基水毁工程数量汇总表 | |
| | 5 | 路基土石方工程数量表 | 涉及土方工程时需统计相应数量 |
| | 6 | 路基横断面设计图 | 涉及土方工程时根据需要绘制 |
| | 7 | 路床与路堤水毁工程数量表 | 路床与路堤的病害类型、位置、规模、水毁方式、工程(材料)数量等 |
| | 8 | 路床与路堤水毁工程设计图 | 绘制出平面布置图及方案设计图的位置、结构类型、主要尺寸及规格 |
| | 9 | 边坡水毁工程数量表 | 边坡的病害类型、位置、规模、水毁方式、工程(材料)数量等 |
| | 10 | 边坡水毁工程设计图 | 绘制出平面布置图及方案设计图的位置、结构类型、主要尺寸及规格 |
| | 11 | 防护及支挡结构物水毁工程数量表 | 防护及支挡结构物的病害类型、位置、规模、水毁方式、工程(材料)数量等 |
| | 12 | 防护及支挡结构物水毁工程设计图 | 绘制出平面布置图及方案设计图的位置、结构类型、主要尺寸及规格 |
| | 13 | 排水设施水毁工程数量表 | 排水设施的病害类型、位置、规模、水毁方式、工程(材料)数量等 |
| | 14 | 排水设施水毁工程设计图 | 绘制出平面布置图及方案设计图的位置、结构类型、主要尺寸及规格 |
| 第四篇 路面 | 1 | 说明 | (1)路面水毁工程基本概况;<br>(2)路面病害调查与评价;<br>(3)路面水毁设计标准及方案;<br>(4)材料性能要求、主要施工工艺、质量验收标准等;<br>(5)施工方法及注意事项 |
| | 2 | 路面病害处治工程数量表 | |
| | 3 | 路面结构设计图 | |
| | 4 | 路面病害处治设计图 | |
| | 5 | 路面材料配合比设计图 | |
| | 6 | 路面排水工程设计图 | |
| | 7 | 特殊路段(工点)处理设计图 | 沥青路面之间的接坡、桥头加铺通用设计图、平面交叉加铺通用设计图、中分带开口部加铺设计图、下穿结构物路段加铺设计图、互通接坡处设计图等 |

续上表

| 文件组成 | 序号 | 编制内容 | 编制要求 |
|---|---|---|---|
| 第五篇 桥涵 | 1 | 说明 | (1)桥梁水毁工程基本概况；<br>(2)桥梁病害分析评价；<br>(3)桥梁水毁工程设计标准及方案；<br>(4)材料性能要求、主要施工工艺、质量验收标准等；<br>(5)施工方法及注意事项 |
| | 2 | 桥涵水毁工程数量汇总表 | 主要水毁材料数量汇总表 |
| | 3 | 桥涵病害布置图 | 各方案桥涵的立面图、平面图、断面图等，图中应标示出桥涵主要病害及对应的维修处治措施。若桥涵结构与桥涵水毁方案简单明了，也可只列出总体水毁设计表 |
| | 4 | 桥涵构件水毁设计图 | 各构件水毁设计构造、工程量表、设计说明 |
| | 5 | 关键工艺示意图 | 表观病害处理，支座、伸缩缝等构件更换主要工艺流程图示及设计说明 |
| | 6 | 特殊设施设计图 | 临时性抱箍、牛腿、支架等构造图 |
| | 7 | 调治构造物及附属工程设计图 | |
| 第六篇 隧道 | 1 | 说明 | (1)隧道水毁工程基本概况；<br>(2)隧道病害调查与评价；<br>(3)隧道水毁工程设计标准及方案；<br>(4)材料性能要求、主要施工工艺、质量验收标准等；<br>(5)施工方法及注意事项 |
| | 2 | 隧道水毁工程处治方案一览表 | 列出处治部位、方案、参数、段落长度等 |
| | 3 | 洞口处治设计图 | 绘制相关的处治设计图(含细部构造)，如洞门墙、侧仰坡、洞口排水设施、防护网设计等图件 |
| | 4 | 其他水毁工程设计图 | 其他必要的设计图件 |
| | 5 | 附件资料 | 隧道建筑限界与内轮廓设计图、隧道(地质)平面竣工图、隧道(地质)纵断面竣工图 |
| 第七篇 路线交叉 | 1 | 说明 | (1)路线交叉现状与存在问题；<br>(2)问题分析与处治方案；<br>(3)施工方法及注意事项 |
| | 2 | 路线交叉设置及工程数量一览表 | |
| | 3 | 路线交叉设计图 | |
| 第八篇 交通安全设施 | 1 | 说明 | (1)交通安全设施水毁工程基本概况；<br>(2)交通安全设施缺陷调查与分析评价；<br>(3)交通安全设施水毁设计标准及方案；<br>(4)材料性能要求、主要施工工艺、质量验收标准等；<br>(5)施工方法及注意事项 |

附录 B 公路水毁灾后恢复重建工程项目施工图设计文件编制内容

续上表

| 文件组成 | 序号 | 编制内容 | 编制要求 |
|---|---|---|---|
| 第八篇<br>交通安全<br>设施 | 2 | 交通安全设施水毁措施工程数量汇总表 | 列出拟采取的交通安全设施水毁措施的类别、位置、规格、工程量等,列出详细工程量,含新增、拆除、移位、维修、临时交安设施等 |
| | 3 | 交通标志设计图表 | (1)交通标志水毁工程数量表,含新增、拆除、移位、维修;<br>(2)交通标志材料数量汇总表;<br>(3)交通标志布设图和表;<br>(4)交通标志版面设计图;<br>(5)交通标志结构图,含结构、尺寸及规格、细部图、安装图等,列出单位材料数量表 |
| | 4 | 交通标线、突起路标设计图表 | (1)交通标线、突起路标水毁工程数量表,含新增、拆除、移位、维修;<br>(2)交通标线、突起路标布设一览表;<br>(3)交通标线、突起路标设计图,含设置、结构、尺寸及规格、细部图、安装图等,列出单位材料数量表 |
| | 5 | 护栏设计图表 | (1)护栏水毁工程数量表,含新增、拆除、移位、维修;<br>(2)护栏布设一览表,含标准路段和局部路段;<br>(3)护栏一般构造设计图,含结构、尺寸及规格、细部图、安装图等,列出单位材料数量表 |
| | 6 | 其他交通安全设施设计图表 | (1)水毁工程材料数量表;<br>(2)设置一览表;<br>(3)一般构造图,含结构、尺寸及规格、细部图、安装图等,列出单位材料数量表 |
| 第九篇<br>交通组织 | 1 | 说明 | (1)水毁工程概况及对原公路通行影响情况;<br>(2)区域路网状况;<br>(3)路网交通组织设计方案说明;<br>(4)路段交通组织设计方案说明 |
| | 2 | 区域路网路线图 | 列出影响区域路网情况 |
| | 3 | 相关路网通行能力及交通组成表 | 水毁工程影响的周边路网情况图,包括路名、技术等级、交通量 |
| | 4 | 水毁路段服务水平及交通量一览表 | 水毁施工路段的交通基本情况 |
| | 5 | 施工阶段划分一览表 | 施工阶段划分及交通管理措施 |
| | 6 | 交通分流交通量分配计算表 | 影响路段的交通量及分流、分配 |
| | 7 | 交通分流方案设计图 | 与水毁工程施工配合的分时分段分流设计 |
| | 8 | 交通诱导设计方案图 | 与水毁工程施工配合的交通诱导设计 |

续上表

| 文件组成 | 序号 | 编制内容 | 编制要求 |
|---|---|---|---|
| 第九篇 交通组织 | 9 | 临时安全设施设置图 | 交通诱导标志及护栏等安全防护设施设置图 |
| | 10 | 临时安全设施设置一览表 | 交通组织及作业区交通诱导及安全防护设施设置表 |
| | 11 | 临时设施设置及撤除时间一览表 | 临时设施设置及撤除的时间规定,配合施工进度计划。诱导及防护和施工内容、时间及区段保持一致 |
| | 12 | 临时设施大样图 | 交通诱导标志及护栏等安全设施的设计详图文件组成 |
| 第十篇 施工方案 | 1 | 说明 | (1)主要水毁工程的施工方法、工期、进度及措施;<br>(2)临时工程的布置情况;<br>(3)作业区布置情况说明 |
| | 2 | 水毁工程概略进度图(表) | 水毁工程实施进度计划 |
| | 3 | 施工便道主要工程数量表 | 如有 |
| | 4 | 临时安全设施工程数量表 | 包含交通组织临时设施工程数量 |
| | 5 | 水毁施工作业区布置图 | 作业区内部功能划分及区段设置 |
| | 6 | 作业区临时安全设施设置图 | 作业区交通诱导标志及护栏等安全防护设施设置图 |
| | 7 | 其他临时工程一览表 | 便桥、预制厂等 |
| 第十一篇 预算 | 1 | 施工图预算 | |
| 基础资料 | 1 | 相关部门的批准文件、地质勘察资料(如有)、检测及评价报告(如有)、水文调查与计算资料、结构计算书等内容 | |

# 附录C　工程示例

## C.1　示例一:路堤墙处治路基边坡滑塌案例

### C.1.1　水毁概况

某二级公路路基左侧边坡高度陡峭(高达26m),原路基坡脚设置了浆砌片石路堤墙防护。受持续强降雨影响,引发“8・12”暴洪和泥石流灾害,导致路基坡脚路堤墙冲毁、路基边坡滑塌,交通中断。路基边坡滑塌现状如图C.1.1所示。

图C.1.1　路基边坡滑塌

### C.1.2　水文

工程区属白龙江流域,路线沿岷江布设,岷江发源于岷县与宕昌之间的迭山余脉,在两河口汇入白龙江,河道全长约120km,流域面积2261km$^2$,平均比降4.83‰。据水文站观测资料,该河段最大洪水流量为542m$^3$/s(1936年)。沿线地下水类型主要为基岩裂隙水、松散岩类孔隙水,受地形地貌与地质构造控制,其分布位置、范围和赋存条件相差甚远。

### C.1.3　地质构造

工程区在地质构造上处于秦岭东西复杂构造带西部,构造线密集,褶皱紧密,走向断层发育,褶轴呈向南凸出的弧形,核部由志留系炭质千校岩、板岩、粉、细砂岩、薄层灰岩等组成。根据地质勘察,工程所在区内出露的地层主要为第四系全新统冲洪积($Q_4^{al+pl}$)地层,分布在岷江、白龙江河漫滩及阶地上,岩性为砂砾、卵石层、碎石层,部分河漫滩及阶地上部覆盖薄层黄土状亚砂土。典型地质断面剖面图如图C.1.3所示。

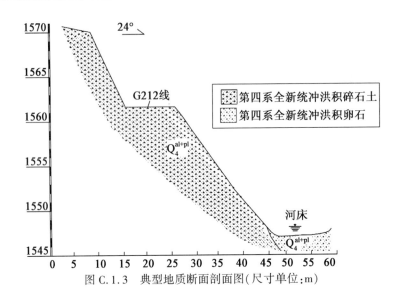

图 C.1.3 典型地质断面剖面图(尺寸单位:m)

### C.1.4 原因分析

路基位于河道顶冲路段,受持续强降雨影响,河流水位上涨、水流流速增大,路基坡脚浆砌片石路堤墙在洪水冲蚀作用下,墙体基础掏空,导致路堤墙冲毁、路基滑塌。

### C.1.5 处治方案

根据实际地形、地貌、工程地质、水文等条件,在原有线位恢复路基实施难度较大,不可避免侵占河道,压缩河床断面,加剧水流对路基的冲蚀作用。结合现场调查和地质勘察,经分析、论证后,利用微地形条件对路线进行优化、调整,完善防护及防排水设施的处治方案。路线平面优化及布置图如图 C.1.5-1 所示,典型路基横断面图如图 C.1.5-2 所示。

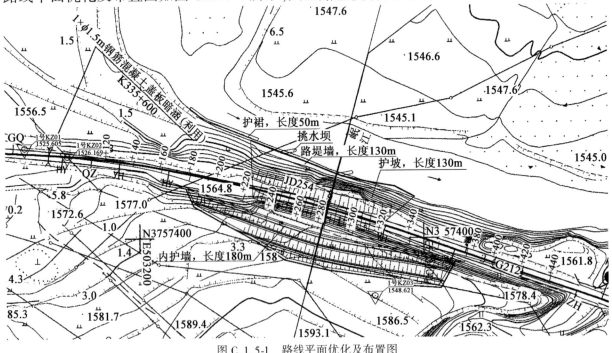

图 C.1.5-1 路线平面优化及布置图

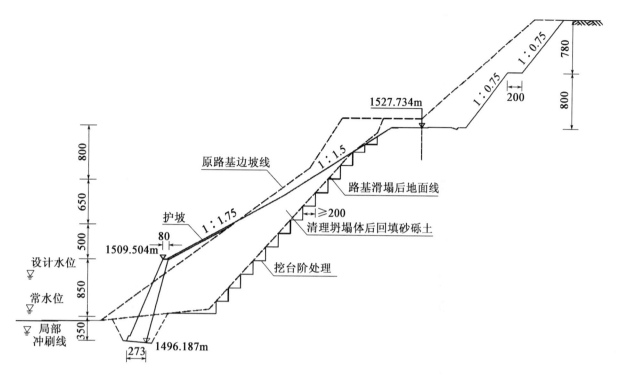

图 C.1.5-2 典型路基横断面图(尺寸单位:cm)

（1）将路线中线向右侧偏移6m，优化路线纵断面降低路基设计高程，做好起终点与既有公路的衔接。

（2）在路基坡脚设置现浇混凝土路堤墙，墙高12m，基础埋置深度不小于3m，路堤墙墙顶设置现浇混凝土护坡防护。根据河段地形、水流方向、水文条件及河床地质等情况，路堤墙外侧布设两道挑水坝，以减小冲刷。在既有路堤墙外侧布设护裙防护。

（3）对路基右侧挖方边坡进行清方卸载，边坡高度0~8m，坡率采用1:0.75，边坡高度8m以上，坡率采用1:0.75，边坡高度变化处设置2m宽边坡平台，平台设平台排水沟。

（4）清除路基范围滑塌土方后，开挖台阶，重新填筑路基，每填筑2m铺设一层土工格栅。填方路基边坡高度0~8m，坡率采用1:1.5，边坡高度8~20m，坡率采用1:1.75。

（5）重新铺筑路面，设置波形梁护栏、标志、标线等完善的交通安全设施。

（6）根据地质勘察及土工试验结果，对设置仰斜式挡土墙后边坡滑动稳定性和抗倾覆稳定性进行验算，计算结果满足要求。挡土墙稳定性计算结果见表C.1.5。

挡土墙稳定性计算结果　　　　表 C.1.5

| 工　况 | 验算项目 | 物 理 参 数 | 计算结果 | 规范值 | 是否满足规范要求 |
|---|---|---|---|---|---|
| 荷载组合Ⅰ、Ⅱ | 抗滑动稳定性 | 地震烈度7度，$\varphi=45°$、重度 $19kN/m^3$ | $K_c=3.069$ | 1.30 | 满足 |
|  | 抗倾覆稳定性 |  | $K_0=2.682$ | 1.50 | 满足 |
| 荷载组合Ⅲ | 抗滑动稳定性 |  | $K_c=2.369$ | 1.30 | 满足 |
|  | 抗倾覆稳定性 |  | $K_0=2.198$ | 1.30 | 满足 |

## C.2 示例二:桩板墙处治路基滑塌案例

### C.2.1 水毁概况

受连续强降雨天气影响,土体饱水,某二级公路路基整幅下沉(深度达1.5m),衡重式路堤墙墙体开裂(缝宽10cm)、路基滑塌、交通中断。路基滑塌现状如图C.2.1所示。

图C.2.1 路基滑塌现状

### C.2.2 水文

区内主要河流为两当河,属嘉陵江支流,河流全长62.1km,流域面积347km$^2$,平均比降17‰,多年平均流量2.69m$^3$/s,年均径流量约5.1×10$^4$m$^3$,洪峰流量510m$^3$/s(1981年8月21日)。地下水主要为基岩裂隙水、碳酸盐岩岩溶裂隙水、松散岩类孔隙水,基岩裂隙水,碳酸盐岩岩溶裂隙水接受大气降水补给,松散岩类孔隙水分布于河流河谷区,含水层为第四系的冲洪积砂层、砂层。

### C.2.3 地质构造

区内地质构造属秦岭地槽褶皱带西延段,构造线呈东西向延展,在长期构造发展过程中表现出受东西向构造活动带控制的构造特征。

### C.2.4 原因分析

根据地质勘察,工程区地层岩性主要由粉质黏土组成,下伏砂质泥岩组成。粉质黏土结构疏松,空隙发育。路基位于回头曲线内侧,路线纵坡较大,暴雨形成地表径流,汇集于路基滑塌方向,填充于粉质黏土孔隙中,沿土体垂直节理下渗,下层泥岩为隔水层,土体饱水软化,承载力急剧下降,导致边坡失稳,挡土墙垮塌,路基破坏,发生滑塌。

### C.2.5 方案比选

根据现场调查,结合地形条件对路线线形进行优化调整,采取小桩号方向路线向下山侧展线,大桩号方向路线向上山侧靠拢,增长路线长度,降低纵面设计高程,路线向右平移8m,减少工程数量。路线平面优化示意图如图 C.2.5-1 所示。

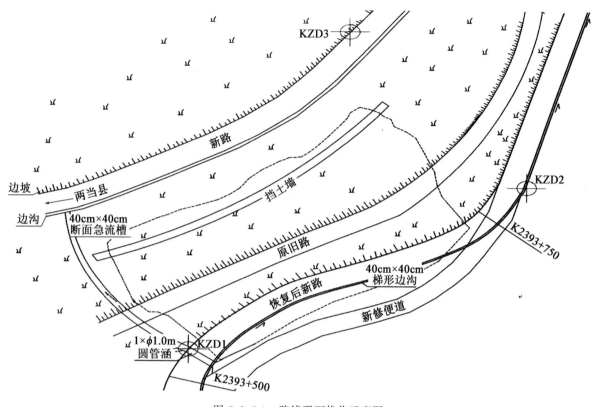

图 C.2.5-1　路线平面优化示意图

针对该路基滑塌处治,拟订方案一(桩板挡土墙)、方案二(重力式挡土墙)、方案三(重力式挡土墙)三种方案,从施工工艺、建设工期、工程造价、运营安全等方面进行同深度分析、比选后,采用方案一(桩板式挡土墙)作为推荐方案。方案比选具体见表 C.2.5,桩板挡土墙典型路基横断面图如图 C.2.5-2 所示。

**处 治 方 案 比 选**　　表 C.2.5

| 名　　称 | 处 治 方 案 | 优 缺 点 | 投资(万元) | 比选结果 |
|---|---|---|---|---|
| 方案一:桩板挡土墙 | (1)拆除原有衡重式路堤墙,清理滑塌边坡土方。<br>(2)在原旧路顶面布设 15 根桩板式挡土墙,抗滑桩间距 6m、桩身截面尺寸 2m×3m,嵌入滑动面以下 9m、滑塌体内 7m、露出地面以上 3m,抗滑桩总长 19m,桩身与挡土墙间空隙采用片石混凝土填筑。重新填筑路基,恢复路面。<br>(3)增设一道 $1\times\phi1.0$m 圆管涵,将地表汇水排至路基范围 | (1)有效治理路基滑塌,路基整体稳定性较高。<br>(2)工程投资相对较高,施工周期长 | 372 | 推荐 |

续上表

| 名　称 | 处治方案 | 优缺点 | 投资(万元) | 比选结果 |
|---|---|---|---|---|
| 方案二：重力式挡土墙(清方卸载) | (1)拆除原有衡重式路堤墙,对滑塌体进行清方卸载。<br>(2)滑塌体坡脚设置重力式挡土墙,重新填筑路基,恢复路面。<br>(3)增设一道 1 × $\phi$1.0m 圆管涵,将地表汇水排至路基范围 | (1)坡脚挡土墙圬工量较大,增加了下行线路基上部恒载,可能引起原有旧路和下行线新的滑移。<br>(2)施工工艺简单,施工周期短。<br>(3)工程投资相对较低 | 271 | 比较 |
| 方案三：重力式挡土墙 | (1)保留原有衡重式挡土墙,滑塌体坡脚设置重力式挡土墙。<br>(2)重新填筑路基,旧路路面。<br>(3)增设一道 1 × $\phi$1. 0m 圆管涵,将地表汇水排至路基范围 | (1)坡脚挡土墙圬工量较大,增加了下行线路基上部恒载,可能引起原有旧路和下行线新的滑移。<br>(2)未对滑塌体进行清方卸载,在开挖台阶时,可能产生滑塌,施工存在安全隐患。<br>(3)施工工艺简单,施工周期短。<br>(4)工程投资相对较低 | 276 | 比较 |

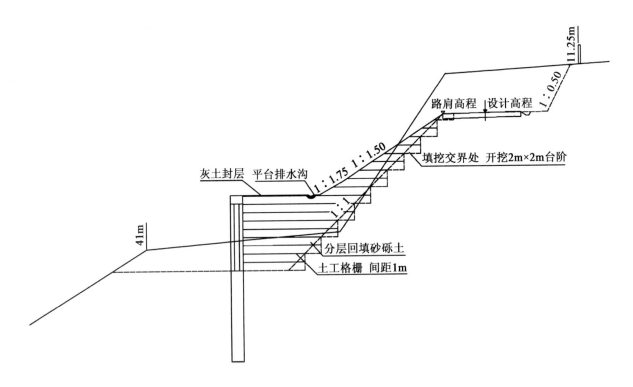

图 C. 2. 5-2　桩板挡土墙典型路基横断面图

## C.2.6 实施情况及使用效果

该段路基滑塌处治完工运营9年来,路基整体稳定,采用桩板挡土墙处治路基滑塌使用效果良好。路基滑塌处治效果图如图C.2.6所示。

图C.2.6 路基滑塌处治效果图

## C.3 示例三:桥梁水毁重建案例

### C.3.1 水毁概况

某二级公路在跨越白水江支沟处设置了两座桥梁(1×13m预应力混凝土空心板,桥梁全长22.5m;1×20m预应力混凝土空心板,桥梁全长32m),桥台均为重力式U形台、明挖扩大基础,两座桥梁之间为短路基(长度86.75m)。"8·12"暴洪和泥石流灾害导致两座桥梁之间路基冲毁,桥台台后填土冲毁,桥梁垮塌,河道变迁,原地貌形态改变。桥梁冲毁情况如图C.3.1所示。

图C.3.1 桥梁冲毁现状图

## C.3.2 水文

白水江属白龙江支流，发源于四川省南坪县岷山中段郎架岭东北，至文县玉垒坪汇入白龙江，甘肃境内长度107km，流域面积3039km$^2$，年径流量34.7亿m$^3$，主要以降雨补给为主，河床比降大。据水文站观测资料，桥位处100年一遇洪峰流量$Q_{1\%}=1730m^3/s$，水位高程为831m。根据水文资料，2020年8月17日暴洪时最大流量为2780m$^3$/s，出现超500年一遇暴洪，受灾区域沟道暴洪及泥石流多发、群发、强度大，造成公路毁坏。根据现行《公路工程水文勘测设计规范》(JTG C30)有关规定及水文资料，采用100年一遇洪峰流量$Q_{1\%}=1730m^3/s$对桥位处一般冲刷深度、局部冲刷深度进行计算。

(1)一般冲刷。

一般冲刷指桥下河床全断面内发生的普通冲刷，是桥下河床在一般冲刷完成后从设计水位算起的最大水深。依据《公路工程水文勘测设计规范》(JTG C30—2015)中64-2简化式和64-1修正式计算。

按照64-2简化式计算：

$$A_d=\left(\frac{\sqrt{B_Z}}{H_Z}\right)^{0.15}=\left(\frac{\sqrt{75}}{5}\right)=1.086。$$

$$Q_2=\frac{Q_c}{Q_c+Q_t}Q_p=\frac{1730}{1730+0}\times1730=1730(m^3/s)。$$

$$h_p=1.04\left(A_d\frac{Q_2}{Q_c}\right)^{0.9}\left[\frac{B_c}{(1-\lambda)\mu B_{cg}}\right]^{0.66}h_{cm}=1.04\times\left(1.086\times\frac{1730}{1730}\right)^{0.9}\times$$

$$\left[\frac{75}{(1-0.035)\times0.95\times75}\right]^{0.66}\times5.6=6.64(m)。$$

按照64-1修正式计算：

$$h_p=\left[\frac{A_d\frac{Q_2}{\mu B_{cj}}\left(\frac{h_{cm}}{h_{cq}}\right)^{\frac{5}{3}}}{E\,\overline{d}^{\frac{1}{6}}}\right]^{\frac{3}{5}}=\left[\frac{1.086\times\frac{1730}{0.95\times72.4}\left(\frac{5.6}{5}\right)^{\frac{5}{3}}}{0.86\times20^{\frac{1}{6}}}\right]^{\frac{3}{5}}=6.61(m)。$$

通过以上两种方法计算，桥位处一般冲刷后最大水深为6.64m。

(2)局部冲刷。

修建在河床内的桥墩受桥位河段一般冲刷的同时，桥墩阻挡水流、水流在桥墩两侧绕流，形成复杂、且以漩涡体系为主的绕流结构，引起桥墩周围泥沙急剧运动，形成桥墩周围局部冲刷坑。冲刷坑外缘与坑底的最大高差即最大局部冲刷深度。依据《公路工程水文勘测设计规范》(JTG C30—2015)中65-2式和65-1修正式计算。

按照65-2式计算：

$$K_{\eta_2} = \frac{0.0023}{\overline{d}^{2.2}} + 0.375\overline{d}^{0.24} = \frac{0.0023}{20^{2.2}} + 0.375 \times 20^{0.24} = 0.77。$$

$$v_0 = 0.28(\overline{d} + 0.7)^{0.5} = 0.28 \times (20 + 0.7)^{0.5} = 1.27(\text{m/s})。$$

$$v_0' = 0.12(\overline{d} + 0.5)^{0.55} = 0.12 \times (20 + 0.5)^{0.55} = 0.632(\text{m/s})。$$

$$v = \frac{A_d^{0.1}}{1.04}\left(\frac{Q_2}{Q_c}\right)^{0.1}\left[\frac{B_c}{\mu(1-\lambda)B_{cg}}\right]^{0.34}\left(\frac{h_{cm}}{h_c}\right)^{\frac{2}{3}}v_c$$

$$= \frac{20^{0.1}}{1.04} \times \left(\frac{1730}{1730}\right)^{0.1} \times \left[\frac{75}{0.95 \times (1-0.035) \times 75}\right]^{0.34} \times \left(\frac{5.6}{5}\right)^{\frac{2}{3}} \times 4 = 5.764(\text{m/s})。$$

$$n_2 = \left(\frac{v_c}{v}\right)^{0.23+0.19\lg\overline{d}} = \left(\frac{1.27}{5.764}\right)^{0.23+0.19\lg 20} = 0.4866。$$

$$h_b = K_\zeta K_{\eta_2} B_1^{0.6} h_p^{0.15} \left(\frac{v-v_0'}{v_0}\right)^{n_2} = 1 \times 0.77 \times 1.3^{0.6} \times 6.625^{0.15} \times \left(\frac{5.764-0.632}{1.27}\right)^{0.4866} = 2.36(\text{m})。$$

按照 65-1 修正式计算：

$$K_{\eta_1} = 0.8\left(\frac{1}{\overline{d}^{0.45}} + \frac{1}{\overline{d}^{0.15}}\right) = 0.8 \times \left(\frac{1}{20^{0.45}} + \frac{1}{20^{0.15}}\right) = 0.718。$$

$$v_0 = 0.0246\left(\frac{h_p}{\overline{d}}\right)^{0.14}\sqrt{332\overline{d} + \frac{10+h_p}{\overline{d}^{0.72}}} = 0.0246 \times \left(\frac{6.61}{20}\right)^{0.14} \times \sqrt{332 \times 20 + \frac{10+6.61}{20^{0.72}}} = 1.718(\text{m/s})。$$

$$v_0' = 0.462\left(\frac{\overline{d}}{B_1}\right)^{0.06} v_0 = 0.462 \times \left(\frac{20}{1.3}\right)^{0.06} \times 1.718 = 0.935(\text{m/s})。$$

$$v = E\overline{d}^{\frac{1}{6}} h_p^{\frac{2}{3}} = 0.86 \times 20^{0.1667} \times 6.625^{0.6667} = 5.0(\text{m/s})。$$

$$n_1 = \left(\frac{v_0}{v}\right)^{0.25\overline{d}^{0.19}} = \left(\frac{1.718}{5}\right)^{0.25 \times 20^{0.19}} = 0.6238。$$

$$h_b = K_\zeta K_{\eta_1} B_1^{0.6}(v_0 - v_0')\left(\frac{v-v_0'}{v_0-v_0'}\right)^{n_1} = 1 \times 0.718 \times 1.3^{0.6} \times (1.718-0.935) \times \left(\frac{5-0.935}{1.718-0.935}\right)^{0.6238}$$

$$= 1.84(\text{m})。$$

通过计算，桥位处桥墩局部冲刷深度为 2.36m，具体计算结果见表 C.3.2。

桥位处冲刷深度计算结果表　　　　表 C.3.2

| 名　　称 | 计算结果 | 高程(m) |
|---|---|---|
| 设计流量(m³/s) | 1730 | — |
| 设计洪水位(m) | — | 831.00 |
| 一般冲刷深度(m) | 6.64 | 824.36 |
| 局部冲刷深度(m) | 2.36 | 822.00 |

### C.3.3 地质构造

工程区位于松潘—甘孜东北向褶皱带和南秦岭东西向褶皱带交接复合部位，构造体系在历次构造运动作用下,地质条件十分复杂。区域褶皱紧密,走向断层发育,由志留系炭质千枚岩、板岩、粉细砂岩、薄层灰岩等组成,倾角 40°~70°。断裂构造发育,断裂及断块构造活动强烈,地震活动频繁。

桥址区地层岩性主要由第四系($Q_4$)全新统人工填筑土、第四系全新统冲积的角砾、卵石组成。根据地质勘察,自上而下依次为填筑土($Q_4^{ml}$)、角砾($Q_4^{al}$)、卵石($Q_4^{al}$)。填筑土呈褐灰色,潮湿-饱和,稍密,土质不均匀,主要由人工回填的千枚岩碎屑、板岩碎屑、砂粒、黏性土组成。角砾层呈杂色,饱和,稍密-中密,多呈尖棱状,颗粒级配不良,大颗粒成分主要以板岩、千枚岩为主,大颗粒分布不均匀。卵石层呈杂色,饱和,密实,多呈圆棱状,颗粒级配不良,大颗粒成分主要以板岩、砂岩为主。

### C.3.4 原因分析

持续强降雨造成白水江河道水位上涨,洪水流速增大,两座桥梁及其之间短路基位于顶冲路段,受洪水冲刷影响,河湾凹岸在横向环流与纵向水流综合作用下形成螺旋流,且具有较强的挟沙能力和破坏能力,导致路基垮塌、桥台基础(均为扩大基础)掏空,桥梁冲毁、垮塌。

### C.3.5 方案比选

根据桥址区地形、地质、水文等条件,结合工程地质勘察、水文计算、工程造价等因素,路线改线困难,采取维持原有路线平面线形,设置桥梁等构造物恢复公路使用功能。

拟订方案一(新建 8×20m 预应力混凝土箱梁)、方案二(原位恢复路基、桥梁)两个方案,从建设条件、施工难易程度、建设工期及交通组织、工程造价等方面综合分析、比选,采用方案一作为推荐方案,在桥梁施工期间,过往车辆绕行既有旧路保障车辆正常通行。

处治方案比选具体见表 C.3.5,桥位平面图如图 C.3.5-1 所示,桥位影像图如图 C.3.5-2 所示,桥型布置图如图 C.3.5-3 所示。

**处治方案比选** 表 C.3.5

| 名称 | 方案 | 优缺点 | 投资(万元) | 比选结果 |
|---|---|---|---|---|
| 方案一:新建 8×20m 预应力混凝土箱梁 | (1)拆除原有旧桥和已冲毁路基,清理恢复河道,在原桥址及冲毁路基段新建 8×20m 预应力混凝土箱梁,增加桥梁孔径,提高公路抗灾能力。<br>(2)墩柱、桩基增设永久性钢护筒,提高桥梁基础抗冲刷和防撞能力。<br>(3)为防止冲刷,保证桥梁安全,在桥梁左侧岸坡设置驳岸墙防护 | (1)原有两座桥梁之间不再设置路基,采用桥梁方案跨越,解决河道凹岸路基顶冲路段冲刷问题,提高了公路抗灾能力。<br>(2)建设工期相对较长。<br>(3)工程造价较高 | 1050 | 推荐 |

续上表

| 名　称 | 方　案 | 优　缺　点 | 投资（万元） | 比选结果 |
|---|---|---|---|---|
| 方案二：原位恢复路基、桥梁 | （1）拆除原有旧桥和已冲毁路基，清理恢复河道，在原桥位重建桥梁，两座桥梁下部结构均采用柱式台、桩基础。<br>（2）恢复两座桥梁之间原有公路，临河路段设置路堤墙进行防护 | （1）按原有旧路平纵面线形进行恢复，防护工程圬工量较大，路基位于河道凹岸易受洪水冲刷，短路基抗灾能力差。<br>（2）工程范围内水流局部受阻，对桥梁墩台的冲刷影响较大。<br>（3）工期相对较短。<br>（4）工程造价相对较低 | 560 | 比较 |

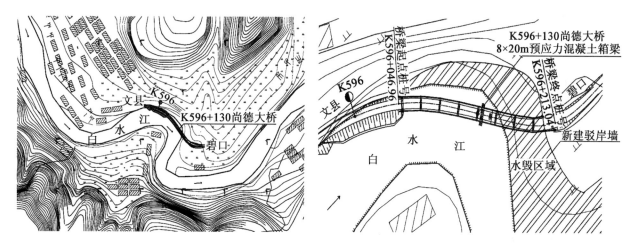

图 C.3.5-1　桥位平面图

图 C.3.5-2　桥位影像图

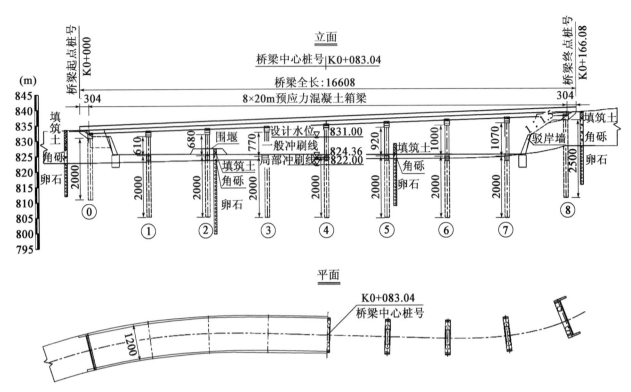

图 C.3.5-3　桥型布置图(尺寸单位:cm)

# 附录 D 水文相关计算方法

## D.1 水文计算

水文计算是对区域水文资料进行汇总分析，计算水域内洪峰流量、设计水位、冲刷深度，为工程建设提供基础数据。水文计算所需的资料来源主要有三方面，即现场实地调查、洪水调查资料和文献考证资料。现场实地调查虽具有一定的局限性，无法对水文有总体全面的认识，但对水文计算却是不可缺少的重要环节。

### D.1.1 水文调查

根据《公路工程水文勘测设计规范》（JTG C30—2015）、《公路桥涵设计手册 桥位设计（第二版）》、《甘肃省水文图集》（1973年）的相关规定，对沿线水文情况的调查及资料收集内容包括：

（1）收集项目所在地区主要水文相关资料：地形与测量资料，水文资料，流域水系图、上游流域面积、河段内河床及河岸变迁资料、附近水文站历年实测最大流量及相应水位、流速、糙率、河床比降、断面等，气象资料，历年最大风速、风向、多年平均降水量、降水天数、最大冻土深度等，地质资料等。

（2）根据1∶2000、1∶50000地形图，勾绘无流量资料断面的汇水面积及冲沟沟长。

### D.1.2 流量计算

流量是指单位时间内降雨量与汇水面积损失系数的乘积。对于小流域流量宜采用原交通部公路科学研究所的经验公式Ⅰ、Ⅱ，或推理公式、甘肃省小流域暴雨流量简化公式及分析法、形态断面法计算；对于汇水面积大于 $100km^2$ 的河流，宜采用《甘肃省水文图集》（1973年）中的经验公式、全国分区经验公式进行计算，或按照多年统计资料、洪峰流量或洪水历史痕迹线、水文站观测资料，采用形态断面法和皮尔逊Ⅲ型曲线法计算，并采用洪水调查资料进行校核。

对于洪水痕迹线明显的水毁路段，宜采用形态断面法计算洪水流量，沿河水毁路段宜采用两个以上的形态断面计算洪水流量，并相互校核，计算相应的冲刷深度。

（1）《甘肃省水文图集》公式。

根据《甘肃省水文图集》，洪峰流量与流域面积关系式为：

$$Q_P = qF$$

$$q = \frac{C}{F^n}$$

式中：$Q_p$——规定频率为 $P$ 时的洪峰流量（$m^3/s$）；

$q$——洪峰流量模数（$m^3/s/km^2$）；

$C$、$n$——系数和指数；

$F$——流域面积（$km^2$）。

（2）原交通部公路科学研究所推理公式。

根据原交通部公路科学研究所制定的暴雨径流经验公式计算一般河流设计流量。

暴雨推理公式：

$$Q_p = 0.278\left(\frac{S_p}{\tau^n} - \mu\right)F$$

式中：$S_p$——频率为 $P$ 时的雨力（mm/h），查全国雨力等值线图；

$\mu$——损失参数；

$n$——暴雨递减指数，按汇流时间及分区范围查表取值；

$\tau$——汇流时间（h）。

（3）原交通部公路科学研究所经验公式。

经验公式Ⅰ：

$$Q_p = \psi(S_p - \mu)^m F^{\lambda_2}$$

经验公式Ⅱ：

$$Q_p = CS_p^\beta F^{\lambda_3}$$

式中：$S_p$——频率为 $P$ 时的雨力（mm/h）；

$\mu$——损失参数；

$\psi$——地貌系数；

$m$、$\lambda_2$——指数；

$C$、$\beta$、$\lambda_3$——系数，指数；

$F$——汇水区面积（$km^2$）。

（4）全国分区经验公式。

《公路桥涵设计手册　桥位设计（第二版）》全国分区经验公式：

$$Q_p = KF^{n_1}$$
$$Q_p = \overline{Q}(1 + C_V \Phi_p)$$

式中：$\overline{Q}$——多年平均洪峰流量（$m^3/s$）；

$n_1$——指数；

$C_V$——偏差系数；

$\Phi_p$——离均系数。

（5）直接比拟法、水文统计法。

根据某水文站水文观测资料，结合上下游现有桥梁规模、形态断面、历史洪水痕迹线等,采用形态断面比拟确定设计流量。

### D.1.3 设计水位计算

桥位上下游设有水文站、且河道顺直时,可利用水文站实测断面推算设计水位,选用相关法或比降法将水位推算至桥位处;桥位上下游水文站距离较远或缺少水文资料时,可根据桥位处实测断面等资料,绘制水位流量关系曲线,利用已知设计流量反推设计水位;当上下游卡口、人工建筑物等对水位有影响时,可利用水面曲线推算桥位处设计水位。

设计水位和流速的计算按《公路工程水文勘测设计规范》(JTG C30—2015)中的公式进行计算:

$$v = \frac{1}{n} R^{\frac{2}{3}} I^{\frac{1}{2}}$$

$$Q = Av$$

式中:$v$——平均流速(m/s);
$n$——糙率;
$R$——水力半径(m);
$I$——水面比降;
$Q$——设计流量(m³/s);
$A$——过水面积(m²)。

### D.1.4 冲刷计算

(1)一般冲刷。

《公路工程水文勘测设计规范》(JTG C30—2015)中64-2简化式:

$$h_p = 1.04 \left( A_d \frac{Q_2}{Q_c} \right)^{0.90} \left[ \frac{B_c}{(1-\lambda)\mu B_{cg}} \right]^{0.66} h_{cm}$$

$$Q_2 = \frac{Q_c}{Q_c + Q_{t1}} Q_p$$

$$A_d = \left( \frac{\sqrt{B_z}}{H_z} \right)^{0.15}$$

式中:$h_p$——桥下一般冲刷后的最大水深(m);
$Q_p$——设计流量(m³/s);
$Q_2$——桥下河槽部分通过的设计流量(m³/s),当河槽能扩宽至全桥时取用$Q_p$;
$Q_c$——天然状态下河槽部分设计流量(m³/s);
$Q_{t1}$——天然状态下桥下河滩部分设计流量(m³/s);
$B_c$——天然状态下河槽宽度(m);
$B_{cg}$——桥长范围内的河槽宽度(m),当河槽能扩宽至全桥长时取用桥孔总长度;
$B_z$——造床流量下的河槽宽度(m),对复式河床可取平滩水位时河槽宽度;

$\lambda$——设计水位下,在 $B_{cg}$ 宽度范围内,桥墩阻水总面积与过水面积的比值;

$\mu$——桥墩水流侧向压缩系数;

$h_{cm}$——河槽最大水深(m);

$A_d$——单宽流量集中系数,山前变迁、游荡、宽滩河段当 $A_d > 1.8$ 时, $A_d$ 值可采用1.8;

$H_z$——造床流量下的河槽平均水深(m),对复式河床可取平滩水位时河槽平均水深。

64-2 简化式一般是计算河槽冲刷的首选公式。

《公路工程水文勘测设计规范》(JTG C30—2015)中 64-1 修正式:

$$h_p = \left[\frac{A_d \dfrac{Q_2}{\mu B_{cj}}\left(\dfrac{h_{cm}}{h_{cq}}\right)^{\frac{5}{3}}}{E\,\overline{d}^{\frac{1}{6}}}\right]^{\frac{3}{5}}$$

式中: $B_{cj}$——河槽部分桥孔过水净宽(m),当桥下河槽能扩宽至全桥时,即为全桥桥孔过水净宽;

$h_{cq}$——桥下河槽平均水深(m);

$\overline{d}$——河槽泥沙平均粒径(mm);

$E$——与汛期含沙量有关的系数。

64-1 修正式对主摆动较大、集中冲刷严重的游荡性河段、变迁性河段,计算深度比较合适;对于稳定性河段,特别是平原宽滩河段,算出的冲刷深度偏大;对于大颗粒土质、浅水河段,计算值偏大。

(2)局部冲刷。

《公路工程水文勘测设计规范》(JTG C30—2015)中 65-2 式:

当 $v \leqslant v_0$ 时

$$h_b = K_\zeta K_{\eta 2} B_1^{0.6} h_p^{0.15}\left(\frac{v - v_0'}{v_0}\right)$$

当 $v > v_0$ 时

$$h_b = K_\zeta K_{\eta 2} B_1^{0.6} h_p^{0.15}\left(\frac{v - v_0'}{v_0}\right)^{n_2}$$

$$K_{\eta 2} = \frac{0.0023}{\overline{d}^{2.2}} + 0.375\,\overline{d}^{0.24}$$

$$v_0 = 0.28\,(\overline{d} + 0.7)^{0.5}$$

$$v_0' = 0.12\,(\overline{d} + 0.5)^{0.55}$$

$$v = \frac{A_d^{0.1}}{1.04}\left(\frac{Q_2}{Q_c}\right)^{0.1}\left[\frac{B_c}{\mu(1-\lambda)B_{cg}}\right]^{0.34}\left(\frac{h_{cm}}{h_c}\right)^{\frac{2}{3}} v_c$$

$$n_2 = \left(\frac{v_0}{v}\right)^{0.23 + 0.19\lg\overline{d}}$$

式中: $h_b$——桥墩局部冲刷深度(m);

$K_{\zeta}$——墩形系数；

$B_1$——桥墩计算宽度(m)；

$\bar{d}$——河床泥沙平均粒径(mm)；

$K_{\eta_2}$——河床颗粒影响系数；

$v$——一般冲刷后墩前行近流速(m/s)；

$v_0$——河床泥沙起动流速(m/s)；

$v_0'$——墩前泥沙始冲流速(m/s)；

$v_c$——河槽平均流速(m/s)；

$h_c$——河槽平均水深(m)；

$n_2$——指数。

《公路工程水文勘测设计规范》(JTG C30—2015)中 65-1 修正式：

当 $v \leqslant v_0$ 时

$$h_b = K_{\zeta} K_{\eta_2} B_1^{0.6} (v_0 - v_0')$$

当 $v > v_0$ 时

$$h_b = K_{\zeta} K_{\eta_1} B_1^{0.6} (v_0 - v_0') \left( \frac{v - v_0'}{v_0 - v_0'} \right)^{n_1}$$

$$K_{\eta_1} = 0.8 \left( \frac{1}{\bar{d}^{0.45}} + \frac{1}{\bar{d}^{0.15}} \right)$$

$$v_0 = 0.0246 \left( \frac{h_p}{\bar{d}} \right)^{0.14} \sqrt{332\bar{d} + \frac{10 + h_p}{\bar{d}^{0.72}}}$$

$$v_0' = 0.462 \left( \frac{\bar{d}}{B_1} \right)^{0.06} v_0$$

$$v = E \bar{d}^{\frac{1}{6}} h_p^{\frac{2}{3}}$$

$$n_1 = \left( \frac{v_0}{v} \right)^{0.25\bar{d}^{0.19}}$$

式中：$K_{\eta_1}$——河床颗粒影响系数；

$n_1$——指数；

$\bar{d}$——河床泥沙平均粒径，适用范围为 0.1 ~ 500mm；

$h_p$——桥下一般冲刷后的最大水深，适用范围为 0.2 ~ 30m；

$v$——一般冲刷后墩前行近流速，适用范围为 0.1 ~ 6m/s；

$B_1$——计算宽度，适用范围为 0 ~ 11m。

(3)河湾凹岸防护工程基础冲刷深度按下式计算。

$$h_{max} = h \left( 1.9 + \frac{B}{R_c} \right)$$

式中：$h$——平均水深(m)；

$B$——河湾进口水面宽度(m)；

$R_c$——河槽中线半径(m)。

沿河及受水流冲刷的防护工程,基底应置于局部冲刷线以下不小于1m。

## D.2 设计流量计算示例

设计流量是与设计洪水位相对应的桥位断面洪峰流量,是确定设计洪水位和冲刷计算的基础,也是保证构造物基础埋深安全和防治水毁的重要计算依据。以某二级公路桥位处实测断面为例,根据水文站历年观测的最大洪峰流量资料,采用皮尔逊Ⅲ型频率曲线,加入特大洪水时构成不连序系列设计洪峰流量的计算特点及方法,设计流量计算示例如下:

### D.2.1 水文资料

白龙江属长江支流嘉陵江的一级支流,也是嘉陵江上游最大支流,跨甘肃、四川两省。白龙江所经地区为原始森林,河床比降大。白龙江发源于甘肃省甘南藏族自治州碌曲县与四川若尔盖县交界的郎木寺,海拔4078m,自西北向东南,流经甘南州迭部县、舟曲县,陇南市宕昌县、武都区、文县,在碧口与白水江汇合至四川省广元市昭化入嘉陵江。河道全长576km,流域面积3.18万$km^2$,干流280km,年径流量108亿$m^3$。河道在甘肃省境内长475km,流域面积2.72万$km^2$,年径流量93.8亿$m^3$,年输沙量1840万t。河道在武都区境内105km,流域面积2410$km^2$,流域内地形起伏,山势陡峻,河道穿行于山区峡谷,河床平均比降4.83‰。

白龙江洪水由暴雨形成,年最大洪水最早出现在5月,最迟出现在10月,集中出现在7、8、9月。某水文观测站河宽约80~150m,枯水时平均水深约0.6m。据干流水文站资料分析,一场洪水过程以单峰为主,历时3~5d,主峰历时1d左右,峰型尖瘦。白龙江某水文站多年平均流量131.4$m^3/s$,最大流量为1920$m^3/s$(1984年),一般为250$m^3/s$,河床平均纵坡为3.18‰,年输沙总量1060万t。该水文站建于1939年,具有1958—2005年较完整的水文测验数据,其中1958—1985年为水文年鉴刊印资料,1986—2005年为水文整编资料,因此,该站水文资料将作为洪水计算的主要依据。

### D.2.2 计算方法

桥位断面位于北峪河与白龙江交汇口下游约100km处,汇水面积14288$km^2$,基本处于河段中间,将该站作为白龙江河段水文资料的主要控制站。水文站实测最大洪峰流量1920$m^3/s$(1984年8月3日)。选用水文站连续的实测年最大洪水资料,加入1904年和1935年历史洪水,将实测系列中的最大值1984年洪水提出,作为特大值处理,排位为1904年(2740$m^3/s$)、1984年(1920$m^3/s$)、1935年(1760$m^3/s$)。依照《公路桥涵设计手册 桥位设计(第二版)》,采用P-Ⅲ型曲线频率第二种方法(将特大洪水和实测洪水共同组成一个不连续的系列作为样本,实测系列为其中的组成部分,不连续系列各项在调查期N年内统一排位)计算设计洪水。

(1)首先在调查期内按流量特大值排序,然后在海森机率格纸上绘出经验频率点群,目估通过点群分布中心,照顾特大值,绘出经验频率曲线,再应用三点适线法确定统计参数(均值 $Q_m$、偏差系数 $C_V$ 和偏态系数 $C_s$)的初算值。经过多次适线,得出三参数值为 $Q_m = 801 m^3/s$、$C_V = 0.61$、$C_s = 2$、$C_s/C_V = 3.3$。按照《甘肃省长江流域防洪规划报告》,白龙江干流几个水文站的 $C_s/C_V$ 均为4,据此参数再次进行适线,算得水文站50年一遇设计洪水为 $2037 m^3/s$,与1984年洪水实测值 $1920 m^3/s$(重现期为50年)接近。因此,可判定《甘肃省长江流域防洪规划报告》中关于干流某水文站的设计洪水计算参数取值合理,成果可靠。

(2)做经验频率曲线,查读规定频率,见表D.2.2-1。

经验频率曲线计算数值　　　　表 D.2.2-1

| 年份(年) | 流量($m^3/s$) | 序号 | $X_i$ | 模比系数 | $K_i-1$ | $(K_i-1)^2$ | $(K_i-1)^3$ | $P=m/(n+1)(\%)$ |
|---|---|---|---|---|---|---|---|---|
| 1960 | 621 | 1 | 1920 | 2.63 | 1.63 | 2.6472 | 4.3071 | 4.35 |
| 1935 | 1760 | 2 | 1760 | 2.41 | 1.41 | 1.9828 | 2.7920 | 8.70 |
| 1961 | 752 | 3 | 1500 | 2.05 | 1.05 | 1.1075 | 1.1655 | 13.04 |
| 1962 | 1220 | 4 | 1260 | 1.72 | 0.72 | 0.5242 | 0.3795 | 17.39 |
| 1963 | 708 | 5 | 1220 | 1.67 | 0.67 | 0.4479 | 0.2998 | 21.74 |
| 1964 | 678 | 6 | 956 | 1.31 | 0.31 | 0.0949 | 0.0292 | 26.09 |
| 1965 | 637 | 7 | 820 | 1.12 | 0.12 | 0.0149 | 0.0018 | 30.43 |
| 1966 | 1500 | 8 | 752 | 1.03 | 0.03 | 0.0008 | 0.0000 | 34.78 |
| 1967 | 956 | 9 | 743 | 1.02 | 0.02 | 0.0003 | 0.0000 | 39.13 |
| 1968 | 820 | 10 | 708 | 0.97 | -0.03 | 0.0010 | (0.0000) | 43.48 |
| 1969 | 375 | 11 | 678 | 0.93 | -0.07 | 0.0052 | (0.0004) | 47.83 |
| 1970 | 436 | 12 | 644 | 0.88 | -0.12 | 0.0141 | (0.0017) | 52.17 |
| 1971 | 419 | 13 | 637 | 0.87 | -0.13 | 0.0165 | (0.0021) | 56.52 |
| 1972 | 395 | 14 | 623 | 0.85 | -0.15 | 0.0218 | (0.0032) | 60.87 |
| 1973 | 543 | 15 | 621 | 0.85 | -0.15 | 0.0226 | (0.0034) | 65.22 |
| 1974 | 743 | 16 | 557 | 0.76 | -0.24 | 0.0566 | (0.0135) | 69.57 |
| 1975 | 557 | 17 | 543 | 0.74 | -0.26 | 0.0661 | (0.0170) | 73.91 |
| 1976 | 1260 | 18 | 436 | 0.60 | -0.40 | 0.1628 | (0.0657) | 78.26 |
| 1977 | 432 | 19 | 432 | 0.59 | -0.41 | 0.1672 | (0.0684) | 82.61 |
| 1978 | 644 | 20 | 419 | 0.57 | -0.43 | 0.1821 | (0.0777) | 86.96 |
| 1979 | 623 | 21 | 395 | 0.54 | -0.46 | 0.2112 | (0.0970) | 91.30 |
| 1984 | 1920 | 22 | 375 | 0.51 | -0.49 | 0.2371 | (0.1154) | 95.65 |
| 合计 | 16079 | | 17624 | 24.11 | | 7.7475 | 8.6248 | |

（3）绘理论频率曲线推求规定频率流量，见表 D.2.2-2。

**各指定频率的 $Q$ 值**（适线计算）　　　　表 D.2.2-2

| 频率(%) | | | 1.0 | 2.0 | 5.0 | 10.0 | 20.0 | 50.0 | 75.0 | 90.0 | 95.0 |
|---|---|---|---|---|---|---|---|---|---|---|---|
| 至 $P=50\%$ 水平距离 | | | -2.3 | -2.05 | -1.64 | -1.28 | -0.84 | 0.00 | 0.67 | 1.28 | 1.64 |
| $C_s$ | $\varphi_p$ | 2 | 3.61 | 2.91 | 2.00 | 1.30 | 0.61 | -0.31 | -0.71 | -0.90 | -0.95 |
| | | 2.5 | 3.85 | 3.04 | 2.01 | 1.25 | 0.52 | -0.36 | -0.67 | -0.77 | -0.79 |
| 一 | | $\varphi_p$ | 3.61 | 2.91 | 2.00 | 1.30 | 0.61 | -0.31 | -0.71 | -0.90 | -0.95 |
| $C_V$ | 0.61 | $K_p = \varphi_p \times C_V + 1$ | 3.20 | 2.78 | 2.22 | 1.79 | 1.37 | 0.81 | 0.57 | 0.45 | 0.42 |
| $C_s$ | 2 | $X_p = K_p \times X$ | 2293 | 1987 | 1589 | 1284 | 982 | 581 | 406 | 325 | 301 |
| 二 | | $\varphi_p$ | 3.82 | 3.02 | 2.01 | 1.26 | 0.53 | -0.35 | -0.67 | -0.79 | -0.81 |
| $C_V$ | 0.61 | $K_p = \varphi_p \times C_V + 1$ | 3.33 | 2.84 | 2.23 | 1.77 | 1.32 | 0.78 | 0.59 | 0.52 | 0.51 |
| $C_s$ | 2.44 | $X_p = K_p \times X$ | 2385 | 2037 | 1593 | 1264 | 948 | 561 | 421 | 372 | 362 |

$Q_{平均} = 801 \text{m}^3/\text{s}$，$C_V = 0.61$，$C_s = 2.44$，流量频率曲线如图 D.2.2 所示。

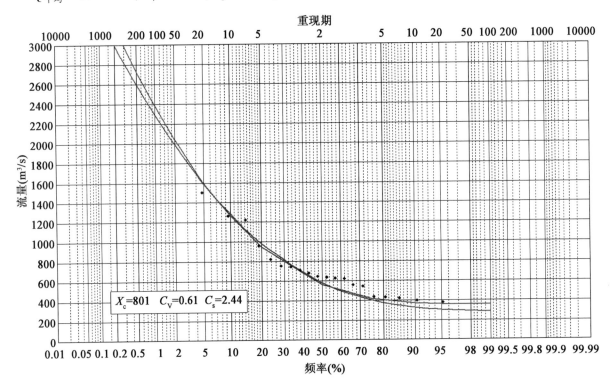

图 D.2.2　流量频率曲线图

计算采用参数及成果见表 D.2.2-3。

**白龙江干流水文站的设计洪水参数及成果表**　　　　表 D.2.2-3

| 河流 | 断面位置 | 集水面积 (km²) | 参数 | | | 设计洪水 $Q_p$ (m³/s) | |
|---|---|---|---|---|---|---|---|
| | | | $Q_m$ (m³/s) | $C_V$ | $C_s/C_V$ | $P=1\%$ | $P=2\%$ |
| 白龙江 | 某水文站 | 14288 | 801 | 0.61 | 4 | 2385 | 2037 |

根据《公路工程水文勘测设计规范》(JTG C30—2015)规定,二级公路路基工程设计洪水频率为1/50,考虑到项目区内白龙江沿岸水毁路段易于冲刷,为安全起见,设计洪水频率提高一级,采用1/100。

某水文站对应于 $P=1\%$ ,设计洪水流量采用 $Q_{1\%}=2385\mathrm{m}^3/\mathrm{s}$ 。

# 附录 E 挡土墙截面主要尺寸

E.0.1 本指南中采用的仰斜式挡土墙、衡重式挡土墙、俯斜式挡土墙适用于一般地区、浸水地区和地震地区的路堤支挡工程。

一般地区挡土墙设计,即不考虑浸水,地震烈度在7度以下(地震动峰值加速度小于$0.2g$)的地区。

浸水地区挡土墙设计,即考虑浸水,地震烈度在7度以下(地震动峰值加速度小于$0.2g$)的地区。

地震地区挡土墙设防,即地震烈度为8度(地震动峰值加速度$0.2g$、$0.3g$)和地震烈度为9度(地震动峰值加速度为$\geq 0.4g$)的地区。

E.0.2 作用在挡土墙上的力除计算永久荷载和基本可变荷载外,尚应计算其他可变荷载和偶然荷载,挡土墙设计荷载组合时依据《公路路基设计规范》(JTG D30—2015)表 H.0.1-3,常用作用组合,采用Ⅲ类组合(表 E.0.2)。其中基本可变作用的汽车荷载等级应符合《公路工程技术标准》(JTG B01—2014)表 7.0.2 的规定,采用公路-Ⅰ级。

**常用作用或荷载组合** 表 E.0.2

| 组 合 | 作用(或荷载名称) |
|---|---|
| Ⅰ | 挡土墙结构重力、墙顶的有效永久荷载、填土重力、填土侧压力及其他永久荷载组合 |
| Ⅱ | 组合Ⅰ与基本可变荷载相组合 |
| Ⅲ | 组合Ⅱ与其他可变荷载、偶然荷载相组合 |

E.0.3 挡土墙的结构重要性系数 $\gamma_0$ 应符合《公路路基设计规范》(JTG D30—2015)表 H.0.1-1 的规定,在墙高 $H \leq 5.0$m 时,$\gamma_0 = 1.0$,墙高 $H > 5.0$m 时,$\gamma_0 = 1.05$。

E.0.4 挡土墙地基土内摩擦角分别按35°、40°、45°考虑进行设计,当内摩擦角为35°时,地基土标准重度为18(kN/m³);当内摩擦角为40°、45°时,地基土标准重度为19(kN/m³),填料的内摩擦角 $\varphi$ 具体可参照表 E.0.4 选用。

**填料内摩擦角或综合内摩擦角** 表 E.0.4

| 填料种类 | | 综合内摩擦 $\varphi_0$ (°) | 内摩擦 $\varphi$ (°) | 重度 (kN/m³) |
|---|---|---|---|---|
| 黏性土 | 墙高 $H \leq 6$m | 35~40 | — | 17~18 |
| | 墙高 $H > 6$m | 30~35 | — | |
| 碎石、不易风化的块石 | | — | 45~50 | 18~19 |

续上表

| 填料种类 | 综合内摩擦$\varphi_0$ (°) | 内摩擦$\varphi$ (°) | 重度 (kN/m³) |
|---|---|---|---|
| 大卵石、碎石类土、不易风化的岩石碎块 | — | 40~45 | 18~19 |
| 小卵石、砾石、粗砂、石屑 | — | 35~40 | 18~19 |
| 中砂、细砂、砂质土 | — | 30~35 | 17~18 |

**E.0.5** 挡土墙承载能力极限状态作用(或荷载)分项系数见表E.0.5。

承载能力极限状态作用(或荷载)分项系数　　　表E.0.5

| 情况 | 荷载增大对挡土墙结构起有利作用时 | | 荷载增大对挡土墙结构起不利作用时 | |
|---|---|---|---|---|
| 组合 | Ⅰ、Ⅱ | Ⅲ | Ⅰ、Ⅱ | Ⅲ |
| 垂直恒载 | 0.90 | | 1.20 | |
| 恒载或车辆荷载、人群荷载的主动土压力 | 1.00 | 0.95 | 1.40 | 1.30 |
| 被动土压力 | 0.30 | | 0.50 | |

**E.0.6** 地基承载力应满足挡土墙的设计要求,地基基本容许承载力分别按250kPa、500kPa、800kPa考虑。其中土质地基基本容许承载力按250kPa、500kPa取值,岩质地基基本容许承载力按800kPa取值。当地基承载力不能满足设计地基承载力最小要求时,应进行地基处理或特殊设计。

**E.0.7** 挡土墙的基底纵坡不宜大于5%,当大于5%时,应在纵向将基底做成台阶式,台阶高度不宜大于0.5m。基础位于横向斜坡地面上时,前趾埋入地面的深度和距地表的水平距离应符合表E.0.7的要求。

斜坡地面基础埋置条件　　　表E.0.7

| 土质类别 | 最小埋入深度$h$(m) | 距地表水平距离$L$(m) | 嵌入图示 |
|---|---|---|---|
| 硬质岩石 | 0.60 | 1.50 | 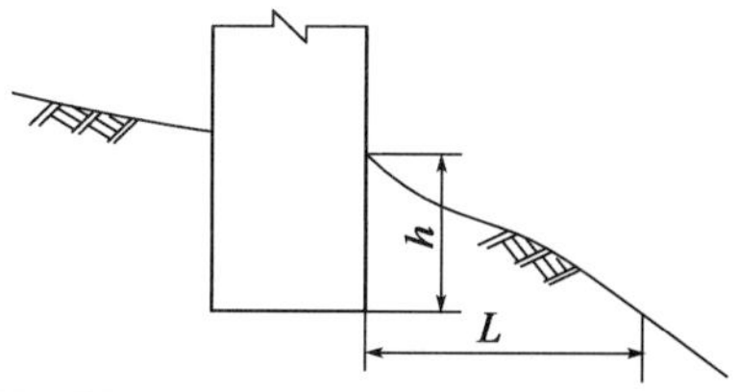 |
| 软质岩石 | 1.00 | 2.00 | |
| 土层 | ≥1.00 | 2.50 | |

**E.0.8** 挡土墙基础埋置深度应符合下列要求:

1 挡土墙基础埋置深度不应小于1.0m。风化层不厚的硬质岩石地基,基底应置于基岩未风化层以下。

2 当冻结深度小于或等于1m时,基底应在冻结线以下不小于0.25m,并应符合基础最小埋置深度不小于1m的要求。

3　当冻结深度超过 1m 时，基础最小埋置深度不小于 1.25m，并应对基底至冻结线以下 0.25m 深度范围内的地基土采取措施，换填为非冻胀材料。

4　一般地区不考虑挡土墙冲刷影响，受冲刷影响时，基础应埋置于冲刷线以下不少于 1m。

**E.0.9**　挡土墙可以采用石砌体、素混凝土、片石混凝土、钢筋混凝土、土工合成材料和特殊材料作为建筑材料，其规格、标准应符合《公路挡土墙设计与施工技术细则》(2008)的有关规定。鼓励采用新材料、新工艺，但应保证耐久、耐腐蚀，有利于环境保护，便于施工和养护。

**E.0.10**　挡土墙每间隔 10 ~ 15m 应设置一道伸缩缝。挡土墙高度突变或基底地质、水文情况变化处应设沉降缝。平曲线路段挡土墙按折线布置时，转折处宜设置沉降缝。伸缩缝与沉降缝可合并设置，其宽度宜取 20 ~ 30mm，缝内沿墙的内、外、顶三边填塞沥青木屑板，塞入深度不宜小于 15cm。

**E.0.11**　挡土墙墙背填料宜采用渗水性强的砂性土、砂砾、碎(砾)石、粉煤灰等材料，严禁采用淤泥、腐植土、膨胀土，不宜采用黏土作为填料。重要的和高度较大的挡土墙不宜采用黏土作为填料。在季节性冻土地区，不应采用冻胀性材料作填料，材料同时应满足抗冻性试验要求。

**E.0.12**　路肩式挡土墙的顶面宽度不应占据硬路肩、行车道及路缘带的路基宽度范围，并应设置护栏，护栏等安全设施应配合挡土墙同时施工。

**E.0.13**　挡土墙与其他建筑物连接时，应采取与相邻建筑物、自然生态环境协调美观的构造措施，并满足环境保护及其他特殊要求。

**E.0.14**　挡土墙设置段落较长且墙体较高的区段，宜根据养护和维修的需要，设置检修台阶或检修梯。

**E.0.15**　仰斜式挡土墙、衡重式挡土墙墙高不宜超过 10m，俯斜式挡土墙墙高不宜超过 6m，重力式挡土墙的墙高适用范围见表 E.0.15-1。

**重力式挡土墙适用范围表**　　表 E.0.15-1

| 挡土墙形式 | | 挡土墙高度(m) | | | | | | | | | |
|---|---|---|---|---|---|---|---|---|---|---|---|
| | | 1 | 2 | 3 | 4 | 5 | 6 | 7 | 8 | 9 | 10 |
| 重力式挡土墙 | 仰斜式 | —— | —— | —— | —— | —— | —— | —— | —— | —— | —— |
| | 衡重式 | —— | —— | —— | —— | —— | —— | —— | —— | —— | —— |
| | 俯斜式 | —— | —— | —— | —— | —— | —— | | | | |

仰斜式挡土墙通用图如图 E.0.15-1 所示，衡重式挡土墙通用图如图 E.0.15-2 所示，俯斜式挡土墙通用图如图 E.0.15-3 所示，重力式挡土墙截面主要尺寸见表 E.0.15-2 ~ 表 E.0.15-10。

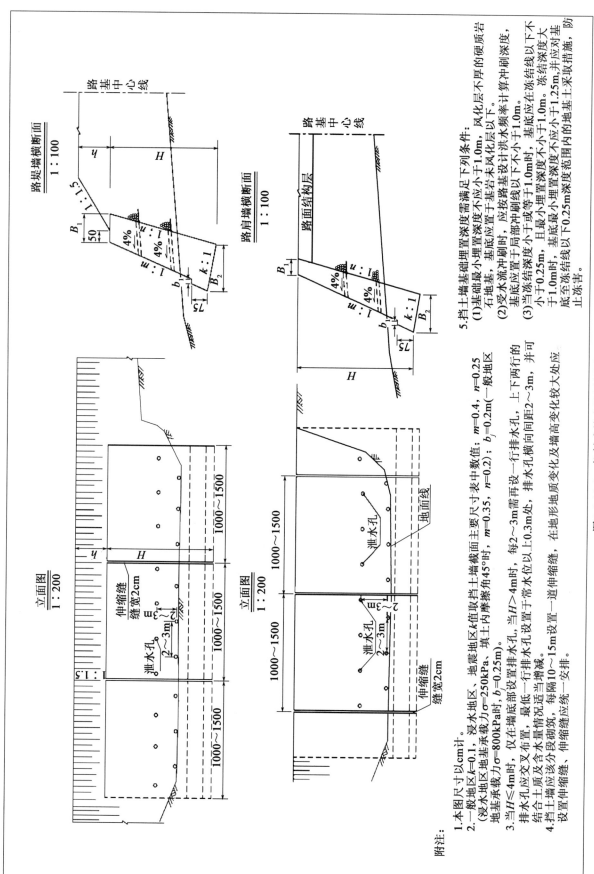

附注：

1.本图尺寸以cm计。

2.一般地区$k$=0.1，浸水地区、地震地区$k$值取挡土墙截面主要尺寸表中数值：$m$=0.4，$n$=0.25（浸水地区地基承载力$\sigma$=250kPa、填土内摩擦角45°时，$m$=0.35，$n$=0.2）；$b_j$=0.2m(一般地区地基承载力$\sigma$=800kPa时，$b_j$=0.25m)。

3.当$H \leqslant 4$m时，仅在墙底部设置排水孔，当$H>4$m时，每2～3m需再设一行排水孔，上下两行的排水孔应交叉布置，最低一行排水孔设置于常水位以上0.3m处，排水孔横向间距2～3m，并可结合土质及含水量情况适当增减。

4.挡土墙应该分段砌筑，每隔10～15m设置一道伸缩缝，在地形地质变化及墙高变化较大处应设置伸缩缝、伸缩缝应统一安排。

5.挡土墙基础埋置深度需满足下列条件：

(1)基础最小埋置深度不应小于1.0m，风化层不厚的硬质岩石地基，基底应置于基岩未风化层以下。

(2)受水流冲刷时，应按路基设计洪水频率计算冲刷深度，基底应置于局部冲刷线以下不小于1.0m。

(3)当冻结深度小于或等于1.0m时，基底应在冻结线以下不小于0.25m，且最小埋置深度不小于1.0m。冻结深度大于1.0m时，基底最小埋置深度不应小于1.25m,并应对基底至冻结线以下0.25m深度范围内的地基土采取措施，防止冻害。

图E.0.15-1　仰斜式挡土墙通用图

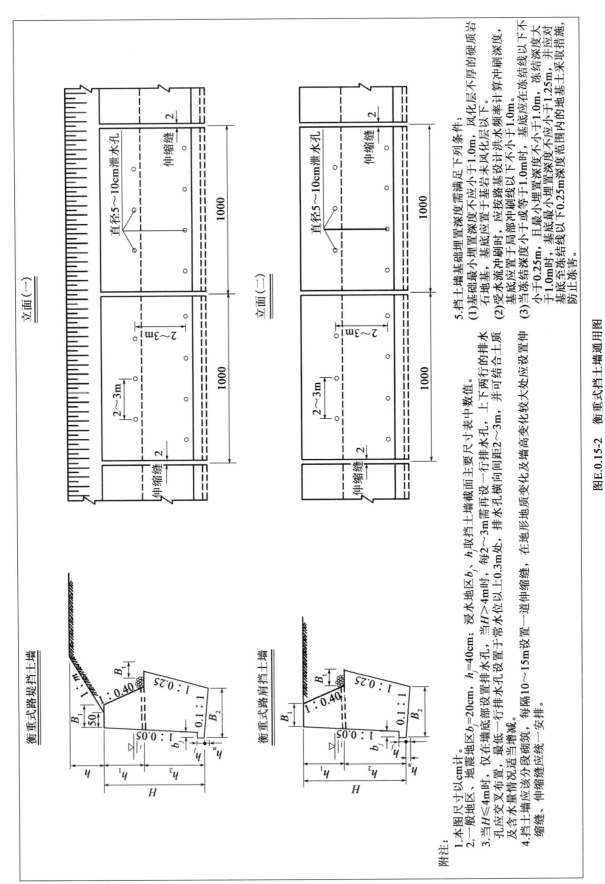

附注：

1.本图尺寸以cm计。

2.一般地区、地震地区$b_j$=20cm，$h_j$=40cm；浸水地区$b_j$、$h_j$取挡土墙截面主要尺寸表中数值。

3.当$H \leq 4$m时，仅在墙底部设置排水孔，当$H > 4$m时，每2～3m需再设一行排水孔，上下两行的排水孔应交叉布置，最低一行排水孔设置于常水位以上0.3m处，排水孔横向间距2～3m，并可结合土质及含水量情况适当增减。

4.挡土墙应该分段砌筑，每隔10～15m设置一道伸缩缝，在地形地质变化及墙高变化较大处应设置伸缩缝、伸缩缝应统一安排。

5.挡土墙基础埋置深度需满足下列条件：

(1)基础最小埋置深度不应小于1.0m，风化层不厚的硬质岩石地基，基底应置于基岩未风化层以下。

(2)受水流冲刷时，应按路基设计洪水频率计算冲刷深度，基底应置于局部冲刷线以下不小于1.0m。

(3)当冻结深度小于或等于1.0m时，基底应在冻结线以下不小于0.25m，且最小埋置深度不小于1.0m，冻结深度大于1.0m时，基底最小埋置深度不应小于1.25m，并应对基底至冻结线以下0.25m深度范围内的地基土采取措施，防止冻害。

图E.0.15-2　衡重式挡土墙通用图

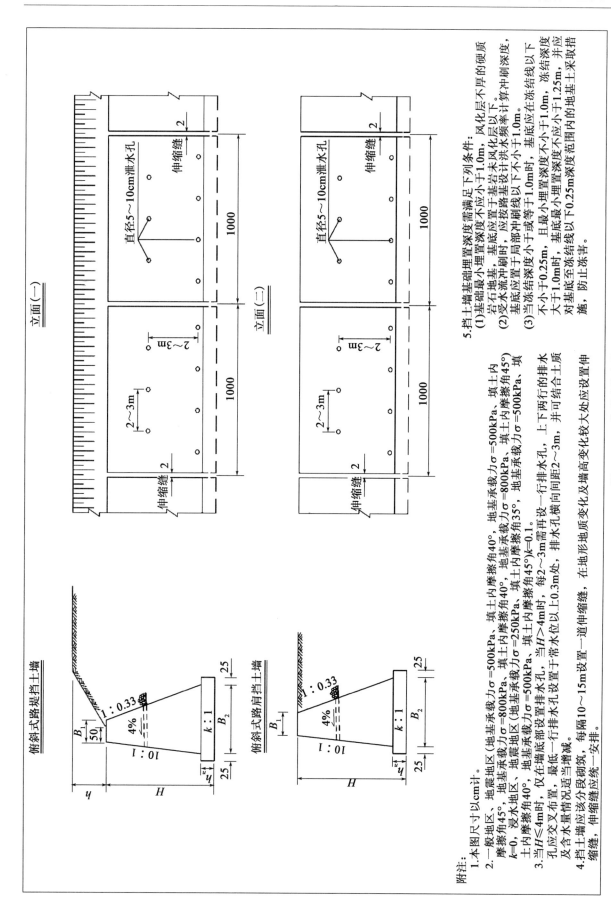

俯斜式路堤挡土墙

立面(一)

俯斜式路肩挡土墙

立面(二)

附注：

1.本图尺寸以cm计。

2.一般地区、地震地区(地基承载力$\sigma$=500kPa、填土内摩擦角40°，地基承载力$\sigma$=500kPa、填土内摩擦角45°，地基承载力$\sigma$=800kPa、填土内摩擦角40°，地基承载力$\sigma$=800kPa、填土内摩擦角45°)$k$=0，浸水地区、地震地区(地基承载力$\sigma$=250kPa、填土内摩擦角35°，地基承载力$\sigma$=500kPa、填土内摩擦角40°，地基承载力$\sigma$=500kPa、填土内摩擦角45°)$k$=0.1。

3.当$H \leqslant 4$m时，仅在墙底部设置排水孔，当$H>4$m时，每2～3m需再设一行排水孔，上下两行的排水孔应交叉布置，最低一行排水孔设置于常水位以上0.3m处，排水孔横向间距2～3m，并可结合土质及含水量情况适当增减。

4.挡土墙应该分段砌筑，每隔10～15m设置一道伸缩缝，在地形地质变化及墙高变化较大处应设置伸缩缝，伸缩缝应统一安排。

5.挡土墙基础埋置深度需满足下列条件：

(1)基础最小埋置深度不应小于1.0m，风化层不厚的硬质岩石地基，基底应置于基岩未风化层以下。

(2)受水流冲刷时，应按路基设计洪水频率计算冲刷深度，基底应置于局部冲刷线以下不小于1.0m。

(3)当冻结深度小于或等于1.0m时，基底应在冻结线以下不小于0.25m，且最小埋置深度不小于1.0m，冻结深度大于1.0m时，基底最小埋置深度不应小于1.25m，并应对基底至冻结线以下0.25m深度范围内的地基土采取措施，防止冻害。

图E.0.15-3　俯斜式挡土墙通用图

## 一般地区仰斜式挡土墙截面主要尺寸表

表 E. 0. 15-2

| 重力式仰斜挡土墙 | | | | | | | | | | | | | | | | | | | | | | | | | | | | |
|---|---|---|---|---|---|---|---|---|---|---|---|---|---|---|---|---|---|---|---|---|---|---|---|---|---|---|---|---|
| 设计资料 | | 地基承载力 $\sigma=250$kPa、填土内摩擦角 35° | | | | | | | | | | | | | | | | | | | | | | | | | | |
| 墙高 $H$(m) | | 3 | | | | | | | | | 4 | | | | | | | | | 5 | | | | | | | | |
| 填土高 $h$(m) | | 0 | 1 | 2 | 3 | 4 | 5 | 6 | 7 | 8 | 0 | 1 | 2 | 3 | 4 | 5 | 6 | 7 | 8 | 0 | 1 | 2 | 3 | 4 | 5 | 6 | 7 | 8 |
| 截面尺寸 | $B_1$(cm) | 60 | 70 | 95 | 105 | 110 | 115 | 115 | 120 | 125 | 60 | 80 | 105 | 125 | 150 | 170 | 185 | 200 | 210 | 70 | 90 | 115 | 140 | 165 | 190 | 215 | 240 | 265 |
| | $B_2$(cm) | 123 | 135 | 157 | 167 | 172 | 177 | 177 | 181 | 186 | 137 | 157 | 181 | 201 | 226 | 245 | 260 | 275 | 284 | 162 | 181 | 206 | 230 | 255 | 279 | 304 | 329 | 353 |
| 墙高 $H$(m) | | 6 | | | | | | | | | 7 | | | | | | | | | 8 | | | | | | | | |
| 填土高 $h$(m) | | 0 | 1 | 2 | 3 | 4 | 5 | 6 | 7 | 8 | 0 | 1 | 2 | 3 | 4 | 5 | 6 | 7 | 8 | 0 | 1 | 2 | 3 | 4 | 5 | 6 | 7 | 8 |
| 截面尺寸 | $B_1$(cm) | 70 | 105 | 130 | 155 | 180 | 210 | 265 | 275 | 290 | 85 | 110 | 145 | 175 | 200 | 230 | 255 | 285 | 310 | 90 | 125 | 155 | 185 | 215 | 245 | 275 | 305 | 335 |
| | $B_2$(cm) | 177 | 211 | 235 | 260 | 284 | 314 | 368 | 378 | 385 | 206 | 230 | 265 | 294 | 319 | 348 | 373 | 402 | 427 | 226 | 260 | 289 | 319 | 348 | 378 | 407 | 436 | 457 |
| 设计资料 | | 地基承载力 $\sigma=250$kPa、填土内摩擦角 35° | | | | | | | | | 地基承载力 $\sigma=250$kPa、填土内摩擦角 40° | | | | | | | | | | | | | | | | | |
| 墙高 $H$(m) | | 9 | 10 | 11 | 12 | 13 | 14 | 15 | | | 3 | | | | | | | | | 4 | | | | | | | | |
| 填土高 $h$(m) | | 0 | 0 | 0 | 0 | 0 | 0 | 0 | | | 0 | 1 | 2 | 3 | 4 | 5 | 6 | 7 | 8 | 0 | 1 | 2 | 3 | 4 | 5 | 6 | 7 | 8 |
| 截面尺寸 | $B_1$(cm) | 100 | 105 | 115 | 125 | 135 | 140 | 150 | | | 60 | 60 | 110 | 130 | 130 | 130 | 130 | 130 | 130 | 60 | 60 | 60 | 60 | 60 | 60 | 60 | 60 | 60 |
| | $B_2$(cm) | 250 | 270 | 294 | 319 | 343 | 363 | 387 | | | 123 | 123 | 172 | 191 | 191 | 191 | 191 | 191 | 191 | 137 | 137 | 137 | 137 | 137 | 137 | 137 | 137 | 137 |
| 设计资料 | | 地基承载力 $\sigma=250$kPa、填土内摩擦角 40° | | | | | | | | | | | | | | | | | | | | | | | | | | |
| 墙高 $H$(m) | | 5 | | | | | | | | | 6 | | | | | | | | | 7 | | | | | | | | |
| 填土高 $h$(m) | | 0 | 1 | 2 | 3 | 4 | 5 | 6 | 7 | 8 | 0 | 1 | 2 | 3 | 4 | 5 | 6 | 7 | 8 | 0 | 1 | 2 | 3 | 4 | 5 | 6 | 7 | 8 |
| 截面尺寸 | $B_1$(cm) | 60 | 60 | 65 | 70 | 70 | 70 | 70 | 70 | 70 | 60 | 60 | 75 | 85 | 90 | 90 | 90 | 90 | 90 | 60 | 65 | 80 | 95 | 105 | 110 | 110 | 110 | 110 |
| | $B_2$(cm) | 152 | 152 | 157 | 162 | 162 | 162 | 162 | 162 | 162 | 167 | 167 | 181 | 191 | 196 | 196 | 196 | 196 | 196 | 181 | 186 | 201 | 216 | 226 | 230 | 230 | 230 | 230 |

附录 E　挡土墙截面主要尺寸

续上表

| 重力式仰斜挡土墙 | | | | | | | | | | | | | | | | | | | | | | | | | | | |
|---|---|---|---|---|---|---|---|---|---|---|---|---|---|---|---|---|---|---|---|---|---|---|---|---|---|---|---|
| 设计资料 | 地基承载力 $\sigma$ = 250kPa、填土内摩擦角 40° | | | | | | | | | | | | | | | | | | 地基承载力 $\sigma$ = 250kPa、填土内摩擦角 45° | | | | | | | | |
| 墙高 $H$(m) | 8 | | | | | | | | | 9 | 10 | 11 | 12 | 13 | 14 | 15 | | | 3 | | | | | | | | |
| 填土高 $h$(m) | 0 | 1 | 2 | 3 | 4 | 5 | 6 | 7 | 8 | 0 | 0 | 0 | 0 | 0 | 0 | 0 | | | 0 | 1 | 2 | 3 | 4 | 5 | 6 | 7 | 8 |
| 截面尺寸 $B_1$(cm) | 60 | 75 | 90 | 100 | 115 | 125 | 130 | 130 | 130 | 60 | 65 | 65 | 70 | 75 | 80 | 85 | | | 60 | 60 | 60 | 60 | 60 | 60 | 60 | 60 | 60 |
| 截面尺寸 $B_2$(cm) | 196 | 211 | 226 | 235 | 250 | 260 | 265 | 265 | 265 | 211 | 230 | 245 | 265 | 284 | 304 | 324 | | | 123 | 123 | 123 | 123 | 123 | 123 | 123 | 123 | 123 |
| 设计资料 | 地基承载力 $\sigma$ = 250kPa、填土内摩擦角 45° | | | | | | | | | | | | | | | | | | | | | | | | | | |
| 墙高 $H$(m) | 4 | | | | | | | | | 5 | | | | | | | | | 6 | | | | | | | | |
| 填土高 $h$(m) | 0 | 1 | 2 | 3 | 4 | 5 | 6 | 7 | 8 | 0 | 1 | 2 | 3 | 4 | 5 | 6 | 7 | 8 | 0 | 1 | 2 | 3 | 4 | 5 | 6 | 7 | 8 |
| 截面尺寸 $B_1$(cm) | 60 | 60 | 60 | 60 | 60 | 60 | 60 | 60 | 60 | 60 | 60 | 60 | 60 | 60 | 60 | 60 | 60 | 60 | 60 | 60 | 60 | 60 | 60 | 60 | 60 | 60 | 60 |
| 截面尺寸 $B_2$(cm) | 137 | 137 | 137 | 137 | 137 | 137 | 137 | 137 | 137 | 152 | 152 | 152 | 152 | 152 | 152 | 152 | 152 | 152 | 167 | 167 | 167 | 167 | 167 | 167 | 167 | 167 | 167 |
| 设计资料 | 地基承载力 $\sigma$ = 250kPa、填土内摩擦角 45° | | | | | | | | | | | | | | | | | | | | | | | | | | |
| 墙高 $H$(m) | 7 | | | | | | | | | 8 | | | | | | | | | 9 | 10 | 11 | 12 | 13 | 14 | 15 | | |
| 填土高 $h$(m) | 0 | 1 | 2 | 3 | 4 | 5 | 6 | 7 | 8 | 0 | 1 | 2 | 3 | 4 | 5 | 6 | 7 | 8 | 0 | 0 | 0 | 0 | 0 | 0 | 0 | | |
| 截面尺寸 $B_1$(cm) | 60 | 60 | 60 | 60 | 60 | 60 | 60 | 60 | 60 | 60 | 60 | 60 | 60 | 60 | 60 | 60 | 60 | 60 | 60 | 60 | 60 | 60 | 60 | 60 | 60 | | |
| 截面尺寸 $B_2$(cm) | 181 | 181 | 181 | 181 | 181 | 181 | 181 | 181 | 181 | 196 | 196 | 196 | 196 | 196 | 196 | 196 | 196 | 196 | 211 | 226 | 240 | 255 | 270 | 284 | 299 | | |
| 设计资料 | 地基承载力 $\sigma$ = 500kPa、填土内摩擦角 35° | | | | | | | | | | | | | | | | | | | | | | | | | | |
| 墙高 $H$(m) | 3 | | | | | | | | | 4 | | | | | | | | | 5 | | | | | | | | |
| 填土高 $h$(m) | 0 | 1 | 2 | 3 | 4 | 5 | 6 | 7 | 8 | 0 | 1 | 2 | 3 | 4 | 5 | 6 | 7 | 8 | 0 | 1 | 2 | 3 | 4 | 5 | 6 | 7 | 8 |
| 截面尺寸 $B_1$(cm) | 60 | 70 | 95 | 105 | 110 | 115 | 120 | 120 | 125 | 60 | 80 | 105 | 125 | 150 | 170 | 185 | 200 | 210 | 70 | 90 | 115 | 140 | 170 | 190 | 215 | 240 | 265 |
| 截面尺寸 $B_2$(cm) | 94 | 135 | 157 | 167 | 172 | 177 | 181 | 181 | 186 | 137 | 157 | 181 | 201 | 226 | 245 | 260 | 275 | 284 | 162 | 181 | 206 | 230 | 260 | 279 | 304 | 329 | 353 |

续上表

| 重力式仰斜挡土墙 | | | | | | | | | | | | | | | | | | | | | | | | | | | | |
|---|---|---|---|---|---|---|---|---|---|---|---|---|---|---|---|---|---|---|---|---|---|---|---|---|---|---|---|---|
| 设计资料 | | 地基承载力 $\sigma$ = 500kPa、填土内摩擦角 35° | | | | | | | | | | | | | | | | | | | | | | | | | | |
| 墙高 $H$(m) | | 6 | | | | | | | | | 7 | | | | | | | | | 8 | | | | | | | | |
| 填土高 $h$(m) | | 0 | 1 | 2 | 3 | 4 | 5 | 6 | 7 | 8 | 0 | 1 | 2 | 3 | 4 | 5 | 6 | 7 | 8 | 0 | 1 | 2 | 3 | 4 | 5 | 6 | 7 | 8 |
| 截面尺寸 | $B_1$(cm) | 70 | 105 | 130 | 155 | 185 | 210 | 240 | 265 | 290 | 85 | 110 | 145 | 175 | 200 | 230 | 255 | 285 | 310 | 90 | 125 | 155 | 185 | 215 | 245 | 275 | 305 | 335 |
| | $B_2$(cm) | 177 | 211 | 235 | 260 | 289 | 314 | 343 | 368 | 392 | 206 | 230 | 265 | 294 | 319 | 348 | 373 | 402 | 427 | 226 | 260 | 289 | 319 | 348 | 378 | 407 | 436 | 466 |
| 墙高 $H$(m) | | 9 | | | | | | | | | 10 | | | | | | | | | 11 | 12 | 13 | 14 | 15 | | | | |
| 填土高 $h$(m) | | 0 | 1 | 2 | 3 | 4 | 5 | 6 | 7 | 8 | 0 | 1 | 2 | 3 | 4 | 5 | 6 | 7 | 8 | 0 | 0 | 0 | 0 | 0 | | | | |
| 截面尺寸 | $B_1$(cm) | 100 | 130 | 165 | 200 | 230 | 260 | 290 | 320 | 350 | 105 | 140 | 175 | 210 | 245 | 275 | 305 | 335 | 365 | 115 | 125 | 135 | 145 | 150 | | | | |
| | $B_2$(cm) | 250 | 279 | 314 | 348 | 378 | 407 | 436 | 466 | 495 | 270 | 304 | 338 | 373 | 407 | 436 | 466 | 495 | 525 | 294 | 319 | 343 | 368 | 387 | | | | |
| 设计资料 | | 地基承载力 $\sigma$ = 500kPa、填土内摩擦角 40° | | | | | | | | | | | | | | | | | | | | | | | | | | |
| 墙高 $H$(m) | | 3 | | | | | | | | | 4 | | | | | | | | | 5 | | | | | | | | |
| 填土高 $h$(m) | | 0 | 1 | 2 | 3 | 4 | 5 | 6 | 7 | 8 | 0 | 1 | 2 | 3 | 4 | 5 | 6 | 7 | 8 | 0 | 1 | 2 | 3 | 4 | 5 | 6 | 7 | 8 |
| 截面尺寸 | $B_1$(cm) | 60 | 60 | 60 | 60 | 60 | 60 | 60 | 60 | 60 | 60 | 60 | 60 | 60 | 60 | 60 | 60 | 60 | 60 | 60 | 60 | 65 | 70 | 70 | 70 | 70 | 70 | 70 |
| | $B_2$(cm) | 123 | 123 | 123 | 123 | 123 | 123 | 123 | 123 | 123 | 137 | 137 | 137 | 137 | 137 | 137 | 137 | 137 | 137 | 152 | 152 | 157 | 162 | 162 | 162 | 162 | 162 | 162 |
| 墙高 $H$(m) | | 6 | | | | | | | | | 7 | | | | | | | | | 8 | | | | | | | | |
| 填土高 $h$(m) | | 0 | 1 | 2 | 3 | 4 | 5 | 6 | 7 | 8 | 0 | 1 | 2 | 3 | 4 | 5 | 6 | 7 | 8 | 0 | 1 | 2 | 3 | 4 | 5 | 6 | 7 | 8 |
| 截面尺寸 | $B_1$(cm) | 60 | 60 | 75 | 85 | 90 | 90 | 90 | 90 | 90 | 60 | 65 | 80 | 95 | 105 | 110 | 110 | 110 | 110 | 60 | 75 | 90 | 100 | 115 | 125 | 130 | 130 | 130 |
| | $B_2$(cm) | 167 | 167 | 181 | 191 | 196 | 196 | 196 | 196 | 196 | 181 | 186 | 201 | 216 | 226 | 230 | 230 | 230 | 230 | 196 | 211 | 226 | 235 | 250 | 260 | 265 | 265 | 265 |

续上表

| 重力式仰斜挡土墙 | | | | | | | | | | | | | | | | | | | | | | | | | | | | |
|---|---|---|---|---|---|---|---|---|---|---|---|---|---|---|---|---|---|---|---|---|---|---|---|---|---|---|---|---|
| 设计资料 | | 地基承载力 $\sigma$ = 500kPa、填土内摩擦角 40° | | | | | | | | | | | | | | | | | | | | | | | | | | |
| 墙高 $H$(m) | | 9 | | | | | | | | | 10 | | | | | | | | | 11 | 12 | 13 | 14 | 15 | | | | |
| 填土高 $h$(m) | | 0 | 1 | 2 | 3 | 4 | 5 | 6 | 7 | 8 | 0 | 1 | 2 | 3 | 4 | 5 | 6 | 7 | 8 | 0 | 0 | 0 | 0 | 0 | | | | |
| 截面尺寸 | $B_1$(cm) | 60 | 75 | 95 | 110 | 125 | 135 | 145 | 155 | 160 | 65 | 85 | 105 | 125 | 140 | 150 | 160 | 165 | 170 | 65 | 70 | 75 | 80 | 85 | | | | |
| | $B_2$(cm) | 211 | 226 | 245 | 260 | 275 | 284 | 294 | 304 | 309 | 230 | 250 | 270 | 289 | 304 | 314 | 324 | 329 | 333 | 245 | 265 | 284 | 304 | 324 | | | | |
| 设计资料 | | 地基承载力 $\sigma$ = 500kPa、填土内摩擦角 45° | | | | | | | | | | | | | | | | | | | | | | | | | | |
| 墙高 $H$(m) | | 3 | | | | | | | | | 4 | | | | | | | | | 5 | | | | | | | | |
| 填土高 $h$(m) | | 0 | 1 | 2 | 3 | 4 | 5 | 6 | 7 | 8 | 0 | 1 | 2 | 3 | 4 | 5 | 6 | 7 | 8 | 0 | 1 | 2 | 3 | 4 | 5 | 6 | 7 | 8 |
| 截面尺寸 | $B_1$(cm) | 60 | 60 | 60 | 60 | 60 | 60 | 60 | 60 | 60 | 60 | 60 | 60 | 60 | 60 | 60 | 60 | 60 | 60 | 60 | 60 | 60 | 60 | 60 | 60 | 60 | 60 | 60 |
| | $B_2$(cm) | 123 | 123 | 123 | 123 | 123 | 123 | 123 | 123 | 123 | 137 | 137 | 137 | 137 | 137 | 137 | 137 | 137 | 137 | 152 | 152 | 152 | 152 | 152 | 152 | 152 | 152 | 152 |
| 墙高 $H$(m) | | 6 | | | | | | | | | 7 | | | | | | | | | 8 | | | | | | | | |
| 填土高 $h$(m) | | 0 | 1 | 2 | 3 | 4 | 5 | 6 | 7 | 8 | 0 | 1 | 2 | 3 | 4 | 5 | 6 | 7 | 8 | 0 | 1 | 2 | 3 | 4 | 5 | 6 | 7 | 8 |
| 截面尺寸 | $B_1$(cm) | 60 | 60 | 60 | 60 | 60 | 60 | 60 | 60 | 60 | 60 | 60 | 60 | 60 | 60 | 60 | 60 | 60 | 60 | 60 | 60 | 60 | 60 | 60 | 60 | 60 | 60 | 60 |
| | $B_2$(cm) | 167 | 167 | 167 | 167 | 167 | 167 | 167 | 167 | 167 | 181 | 181 | 181 | 181 | 181 | 181 | 181 | 181 | 181 | 196 | 196 | 196 | 196 | 196 | 196 | 196 | 196 | 196 |
| 墙高 $H$(m) | | 9 | | | | | | | | | 10 | | | | | | | | | 11 | 12 | 13 | 14 | 15 | | | | |
| 填土高 $h$(m) | | 0 | 1 | 2 | 3 | 4 | 5 | 6 | 7 | 8 | 0 | 1 | 2 | 3 | 4 | 5 | 6 | 7 | 8 | 0 | 0 | 0 | 0 | 0 | | | | |
| 截面尺寸 | $B_1$(cm) | 60 | 60 | 60 | 60 | 60 | 60 | 60 | 60 | 60 | 60 | 60 | 60 | 60 | 60 | 60 | 60 | 60 | 60 | 60 | 60 | 60 | 60 | 60 | | | | |
| | $B_2$(cm) | 211 | 211 | 211 | 211 | 211 | 211 | 211 | 211 | 211 | 226 | 226 | 226 | 226 | 226 | 226 | 226 | 226 | 226 | 240 | 255 | 270 | 284 | 299 | | | | |

续上表

| 重力式仰斜挡土墙 | | | | | | | | | | | | | | | | | | | | | | | | | | | | |
|---|---|---|---|---|---|---|---|---|---|---|---|---|---|---|---|---|---|---|---|---|---|---|---|---|---|---|---|---|
| 设计资料 | | 地基承载力 $\sigma$ = 800kPa、填土内摩擦角 35° | | | | | | | | | | | | | | | | | | | | | | | | | | |
| 墙高 $H$(m) | | 3 | | | | | | | | | 4 | | | | | | | | | 5 | | | | | | | | |
| 填土高 $h$(m) | | 0 | 1 | 2 | 3 | 4 | 5 | 6 | 7 | 8 | 0 | 1 | 2 | 3 | 4 | 5 | 6 | 7 | 8 | 0 | 1 | 2 | 3 | 4 | 5 | 6 | 7 | 8 |
| 截面尺寸 | $B_1$(cm) | 60 | 60 | 65 | 70 | 70 | 70 | 75 | 75 | 75 | 60 | 60 | 80 | 95 | 105 | 110 | 115 | 120 | 120 | 60 | 65 | 85 | 105 | 120 | 135 | 145 | 155 | 165 |
| | $B_2$(cm) | 123 | 123 | 128 | 132 | 132 | 132 | 137 | 137 | 137 | 137 | 137 | 157 | 172 | 181 | 186 | 191 | 196 | 196 | 152 | 157 | 177 | 196 | 211 | 226 | 235 | 245 | 255 |
| 墙高 $H$(m) | | 6 | | | | | | | | | 7 | | | | | | | | | 8 | | | | | | | | |
| 填土高 $h$(m) | | 0 | 1 | 2 | 3 | 4 | 5 | 6 | 7 | 8 | 0 | 1 | 2 | 3 | 4 | 5 | 6 | 7 | 8 | 0 | 1 | 2 | 3 | 4 | 5 | 6 | 7 | 8 |
| 截面尺寸 | $B_1$(cm) | 60 | 80 | 95 | 115 | 135 | 150 | 165 | 180 | 190 | 60 | 85 | 110 | 130 | 145 | 165 | 180 | 195 | 210 | 70 | 95 | 115 | 140 | 160 | 180 | 195 | 215 | 230 |
| | $B_2$(cm) | 167 | 186 | 201 | 221 | 246 | 255 | 270 | 284 | 294 | 181 | 206 | 230 | 250 | 265 | 284 | 299 | 314 | 329 | 206 | 230 | 250 | 280 | 294 | 314 | 329 | 348 | 363 |
| 设计资料 | | 地基承载力 $\sigma$ = 800kPa、填土内摩擦角 35° | | | | | | | | | | | | | | | | | | | | | | | | | | |
| 墙高 $H$(m) | | 9 | | | | | | | | | 10 | | | | | | | | | 11 | 12 | 13 | 14 | 15 | | | | |
| 填土高 $h$(m) | | 0 | 1 | 2 | 3 | 4 | 5 | 6 | 7 | 8 | 0 | 1 | 2 | 3 | 4 | 5 | 6 | 7 | 8 | 0 | 0 | 0 | 0 | 0 | | | | |
| 截面尺寸 | $B_1$(cm) | 75 | 100 | 125 | 150 | 170 | 190 | 215 | 235 | 250 | 80 | 105 | 160 | 135 | 180 | 200 | 225 | 245 | 265 | 85 | 90 | 100 | 105 | 110 | | | | |
| | $B_2$(cm) | 226 | 250 | 275 | 299 | 319 | 338 | 363 | 382 | 397 | 245 | 270 | 324 | 299 | 343 | 363 | 387 | 407 | 427 | 265 | 284 | 309 | 329 | 348 | | | | |
| 设计资料 | | 地基承载力 $\sigma$ = 800kPa、填土内摩擦角 40° | | | | | | | | | | | | | | | | | | | | | | | | | | |
| 墙高 $H$(m) | | 3 | | | | | | | | | 4 | | | | | | | | | 5 | | | | | | | | |
| 填土高 $h$(m) | | 0 | 1 | 2 | 3 | 4 | 5 | 6 | 7 | 8 | 0 | 1 | 2 | 3 | 4 | 5 | 6 | 7 | 8 | 0 | 1 | 2 | 3 | 4 | 5 | 6 | 7 | 8 |
| 截面尺寸 | $B_1$(cm) | 60 | 60 | 60 | 60 | 60 | 60 | 60 | 60 | 60 | 60 | 60 | 60 | 60 | 60 | 60 | 60 | 60 | 60 | 60 | 60 | 60 | 60 | 60 | 60 | 60 | 60 | 60 |
| | $B_2$(cm) | 123 | 123 | 123 | 123 | 123 | 123 | 123 | 123 | 123 | 137 | 137 | 137 | 137 | 137 | 137 | 137 | 137 | 137 | 152 | 152 | 152 | 152 | 152 | 152 | 152 | 152 | 152 |

续上表

| 重力式仰斜挡土墙 | | | | | | | | | | | | | | | | | | | | | | | | | | | | |
|---|---|---|---|---|---|---|---|---|---|---|---|---|---|---|---|---|---|---|---|---|---|---|---|---|---|---|---|---|
| 设计资料 | | 地基承载力 $\sigma$ = 800kPa、填土内摩擦角 40° | | | | | | | | | | | | | | | | | | | | | | | | | | |
| 墙高 $H$(m) | | 6 | | | | | | | | | 7 | | | | | | | | | 8 | | | | | | | | |
| 填土高 $h$(m) | | 0 | 1 | 2 | 3 | 4 | 5 | 6 | 7 | 8 | 0 | 1 | 2 | 3 | 4 | 5 | 6 | 7 | 8 | 0 | 1 | 2 | 3 | 4 | 5 | 6 | 7 | 8 |
| 截面尺寸 | $B_1$(cm) | 60 | 60 | 60 | 60 | 60 | 60 | 60 | 60 | 60 | 60 | 60 | 60 | 70 | 75 | 75 | 75 | 75 | 75 | 60 | 60 | 60 | 75 | 85 | 90 | 90 | 90 | 90 |
| | $B_2$(cm) | 167 | 167 | 167 | 167 | 167 | 167 | 167 | 167 | 167 | 181 | 181 | 181 | 191 | 196 | 196 | 196 | 196 | 196 | 196 | 196 | 196 | 211 | 221 | 226 | 226 | 226 | 226 |
| 墙高 $H$(m) | | 9 | | | | | | | | | 10 | | | | | | | | | 11 | 12 | 13 | 14 | 15 | | | | |
| 填土高 $h$(m) | | 0 | 1 | 2 | 3 | 4 | 5 | 6 | 7 | 8 | 0 | 1 | 2 | 3 | 4 | 5 | 6 | 7 | 8 | 0 | 0 | 0 | 0 | 0 | | | | |
| 截面尺寸 | $B_1$(cm) | 60 | 60 | 70 | 80 | 90 | 100 | 105 | 110 | 110 | 60 | 60 | 75 | 85 | 95 | 105 | 110 | 120 | 120 | 60 | 60 | 60 | 60 | 60 | | | | |
| | $B_2$(cm) | 211 | 211 | 221 | 230 | 240 | 250 | 255 | 260 | 260 | 226 | 226 | 240 | 250 | 260 | 270 | 275 | 284 | 284 | 240 | 255 | 270 | 284 | 299 | | | | |
| 设计资料 | | 地基承载力 $\sigma$ = 800kPa、填土内摩擦角 45° | | | | | | | | | | | | | | | | | | | | | | | | | | |
| 墙高 $H$(m) | | 3 | | | | | | | | | 4 | | | | | | | | | 5 | | | | | | | | |
| 填土高 $h$(m) | | 0 | 1 | 2 | 3 | 4 | 5 | 6 | 7 | 8 | 0 | 1 | 2 | 3 | 4 | 5 | 6 | 7 | 8 | 0 | 1 | 2 | 3 | 4 | 5 | 6 | 7 | 8 |
| 截面尺寸 | $B_1$(cm) | 60 | 60 | 60 | 60 | 60 | 60 | 60 | 60 | 60 | 60 | 60 | 60 | 60 | 60 | 60 | 60 | 60 | 60 | 60 | 60 | 60 | 60 | 60 | 60 | 60 | 60 | 60 |
| | $B_2$(cm) | 123 | 123 | 123 | 123 | 123 | 123 | 123 | 123 | 123 | 137 | 137 | 137 | 137 | 137 | 137 | 137 | 137 | 137 | 152 | 152 | 152 | 152 | 152 | 152 | 152 | 152 | 152 |
| 墙高 $H$(m) | | 6 | | | | | | | | | 7 | | | | | | | | | 8 | | | | | | | | |
| 填土高 $h$(m) | | 0 | 1 | 2 | 3 | 4 | 5 | 6 | 7 | 8 | 0 | 1 | 2 | 3 | 4 | 5 | 6 | 7 | 8 | 0 | 1 | 2 | 3 | 4 | 5 | 6 | 7 | 8 |
| 截面尺寸 | $B_1$(cm) | 60 | 60 | 60 | 60 | 60 | 60 | 60 | 60 | 60 | 60 | 60 | 60 | 60 | 60 | 60 | 60 | 60 | 60 | 60 | 60 | 60 | 60 | 60 | 60 | 60 | 60 | 60 |
| | $B_2$(cm) | 167 | 167 | 167 | 167 | 167 | 167 | 167 | 167 | 167 | 181 | 181 | 181 | 181 | 181 | 181 | 181 | 181 | 181 | 196 | 196 | 196 | 196 | 196 | 196 | 196 | 196 | 196 |
| 墙高 $H$(m) | | 9 | | | | | | | | | 10 | | | | | | | | | 11 | 12 | 13 | 14 | 15 | | | | |
| 填土高 $h$(m) | | 0 | 1 | 2 | 3 | 4 | 5 | 6 | 7 | 8 | 0 | 1 | 2 | 3 | 4 | 5 | 6 | 7 | 8 | 0 | 0 | 0 | 0 | 0 | | | | |
| 截面尺寸 | $B_1$(cm) | 60 | 60 | 60 | 60 | 60 | 60 | 60 | 60 | 60 | 60 | 60 | 60 | 60 | 60 | 60 | 60 | 60 | 60 | 60 | 60 | 60 | 60 | 60 | | | | |
| | $B_2$(cm) | 211 | 211 | 211 | 211 | 211 | 211 | 211 | 211 | 211 | 226 | 226 | 226 | 226 | 226 | 226 | 226 | 226 | 226 | 240 | 255 | 270 | 284 | 299 | | | | |

## 一般地区衡重式挡土墙截面主要尺寸表

表 E. 0. 15-3

| 衡重式路肩墙 | | | | | | | | | | | | | | | | | | |
|---|---|---|---|---|---|---|---|---|---|---|---|---|---|---|---|---|---|---|
| 设计资料 | | 地基承载力 $\sigma$ = 250kPa、填土内摩擦角 35° | | | | | | 地基承载力 $\sigma$ = 250kPa、填土内摩擦角 40° | | | | | | 地基承载力 $\sigma$ = 250kPa、填土内摩擦角 45° | | | | |
| 墙高 $H$(m) | | 3 | 4 | 5 | 6 | 7 | 8 | 3 | 4 | 5 | 6 | 7 | 8 | 3 | 4 | 5 | 6 | 7 |
| 截面尺寸 | $B_1$(cm) | 50 | 50 | 50 | 60 | 70 | 80 | 50 | 50 | 50 | 50 | 50 | 60 | 50 | 50 | 50 | 50 | 50 |
| | $B_2$(cm) | 135 | 140 | 146 | 162 | 187 | 222 | 135 | 140 | 146 | 152 | 163 | 179 | 135 | 140 | 146 | 152 | 158 |
| | $B_t$(cm) | 50 | 50 | 50 | 50 | 60 | 80 | 50 | 50 | 50 | 50 | 55 | 55 | 50 | 50 | 50 | 50 | 50 |
| | $h_1$(cm) | 120 | 160 | 200 | 240 | 280 | 320 | 120 | 160 | 200 | 240 | 280 | 320 | 120 | 160 | 200 | 240 | 280 |
| | $h_2$(cm) | 180 | 240 | 300 | 360 | 420 | 480 | 180 | 240 | 300 | 360 | 420 | 480 | 180 | 240 | 300 | 360 | 420 |
| | $h_n$(cm) | 14 | 14 | 15 | 16 | 19 | 22 | 14 | 14 | 15 | 15 | 16 | 18 | 14 | 14 | 15 | 15 | 16 |
| 设计资料 | | 地基承载力 $\sigma$ = 500kPa、填土内摩擦角 35° | | | | | | | | 地基承载力 $\sigma$ = 500kPa、填土内摩擦角 40° | | | | | | | | |
| 墙高 $H$(m) | | 3 | 4 | 5 | 6 | 7 | 8 | 9 | 10 | 3 | 4 | 5 | 6 | 7 | 8 | 9 | 10 | |
| 截面尺寸 | $B_1$(cm) | 50 | 50 | 50 | 60 | 60 | 70 | 90 | 110 | 50 | 50 | 50 | 50 | 50 | 60 | 70 | 100 | |
| | $B_2$(cm) | 135 | 140 | 146 | 162 | 168 | 203 | 243 | 288 | 135 | 140 | 146 | 152 | 163 | 179 | 214 | 263 | |
| | $B_t$(cm) | 50 | 50 | 50 | 50 | 50 | 70 | 85 | 105 | 50 | 50 | 50 | 50 | 55 | 55 | 75 | 90 | |
| | $h_1$(cm) | 120 | 160 | 200 | 240 | 280 | 320 | 360 | 400 | 120 | 160 | 200 | 240 | 280 | 320 | 360 | 400 | |
| | $h_2$(cm) | 180 | 240 | 300 | 360 | 420 | 480 | 540 | 600 | 180 | 240 | 300 | 360 | 420 | 480 | 540 | 600 | |
| | $h_n$(cm) | 14 | 14 | 15 | 16 | 17 | 20 | 24 | 29 | 14 | 14 | 15 | 15 | 16 | 18 | 21 | 26 | |
| 设计资料 | | 地基承载力 $\sigma$ = 500kPa、填土内摩擦角 45° | | | | | | | | 地基承载力 $\sigma$ = 800kPa、填土内摩擦角 35° | | | | | | | | |
| 墙高 $H$(m) | | 3 | 4 | 5 | 6 | 7 | 8 | 9 | 10 | 3 | 4 | 5 | 6 | 7 | 8 | 9 | 10 | |
| 截面尺寸 | $B_1$(cm) | 50 | 50 | 50 | 50 | 50 | 50 | 70 | 170 | 50 | 50 | 50 | 60 | 60 | 70 | 90 | 110 | |
| | $B_2$(cm) | 135 | 140 | 146 | 152 | 158 | 164 | 214 | 390 | 135 | 140 | 146 | 162 | 168 | 203 | 243 | 293 | |
| | $B_t$(cm) | 50 | 50 | 50 | 50 | 50 | 50 | 75 | 150 | 50 | 50 | 50 | 50 | 50 | 70 | 85 | 110 | |
| | $h_1$(cm) | 120 | 160 | 200 | 240 | 280 | 320 | 360 | 400 | 120 | 160 | 200 | 240 | 280 | 320 | 360 | 400 | |
| | $h_2$(cm) | 180 | 240 | 300 | 360 | 420 | 480 | 540 | 600 | 180 | 240 | 300 | 360 | 420 | 480 | 540 | 600 | |
| | $h_n$(cm) | 14 | 14 | 15 | 15 | 16 | 16 | 21 | 39 | 14 | 14 | 15 | 16 | 17 | 20 | 24 | 29 | |

续上表

| 衡重式路肩墙 | | | | | | | | | | | | | | | | | |
|---|---|---|---|---|---|---|---|---|---|---|---|---|---|---|---|---|---|
| 设计资料 | | 地基承载力 $\sigma$ = 800kPa、填土内摩擦角 40° | | | | | | | | 地基承载力 $\sigma$ = 800kPa、填土内摩擦角 45° | | | | | | | |
| 墙高 $H$(m) | | 3 | 4 | 5 | 6 | 7 | 8 | 9 | 10 | 3 | 4 | 5 | 6 | 7 | 8 | 9 | 10 |
| 截面尺寸 | $B_1$(cm) | 50 | 50 | 50 | 50 | 50 | 60 | 70 | 100 | 50 | 50 | 50 | 50 | 50 | 50 | 70 | 150 |
| | $B_2$(cm) | 135 | 140 | 146 | 152 | 163 | 174 | 214 | 263 | 135 | 140 | 146 | 152 | 158 | 164 | 204 | 371 |
| | $B_t$(cm) | 50 | 50 | 50 | 50 | 55 | 50 | 75 | 90 | 50 | 50 | 50 | 50 | 50 | 50 | 65 | 150 |
| | $h_1$(cm) | 120 | 160 | 200 | 240 | 280 | 320 | 360 | 400 | 120 | 160 | 200 | 240 | 280 | 320 | 360 | 400 |
| | $h_2$(cm) | 180 | 240 | 300 | 360 | 420 | 480 | 540 | 600 | 180 | 240 | 300 | 360 | 420 | 480 | 540 | 600 |
| | $h_n$(cm) | 14 | 14 | 15 | 15 | 16 | 17 | 21 | 26 | 14 | 14 | 15 | 15 | 16 | 16 | 20 | 37 |

**一般地区俯斜式挡土墙截面主要尺寸表**　　表 E.0.15-4

| 重力式俯斜路肩墙 | | | | | | | | | | | | | | | | |
|---|---|---|---|---|---|---|---|---|---|---|---|---|---|---|---|---|
| 设计资料 | | 地基承载力 $\sigma$ = 250kPa、填土内摩擦角 35° | | | | | 地基承载力 $\sigma$ = 250kPa、填土内摩擦角 40° | | | | | 地基承载力 $\sigma$ = 250kPa、填土内摩擦角 45° | | | | |
| 墙高 $H$(m) | | 2 | 3 | 4 | 5 | 6 | 2 | 3 | 4 | 5 | 6 | 2 | 3 | 4 | 5 | 6 |
| 截面尺寸 | $B_1$(cm) | 60 | 85 | 85 | 100 | 100 | 60 | 60 | 60 | 70 | 70 | 60 | 60 | 60 | 60 | 60 |
| | $B_2$(cm) | 175 | 243 | 287 | 345 | 388 | 175 | 218 | 262 | 315 | 358 | 175 | 218 | 262 | 305 | 348 |
| | $h_n$(cm) | 50 | 50 | 50 | 50 | 50 | 50 | 50 | 50 | 50 | 50 | 50 | 50 | 50 | 50 | 50 |
| 设计资料 | | 地基承载力 $\sigma$ = 500kPa、填土内摩擦角 35° | | | | | 地基承载力 $\sigma$ = 500kPa、填土内摩擦角 40° | | | | | 地基承载力 $\sigma$ = 500kPa、填土内摩擦角 45° | | | | |
| 墙高 $H$(m) | | 2 | 3 | 4 | 5 | 6 | 2 | 3 | 4 | 5 | 6 | 2 | 3 | 4 | 5 | 6 |
| 截面尺寸 | $B_1$(cm) | 60 | 60 | 60 | 80 | 85 | 60 | 60 | 60 | 60 | 70 | 60 | 60 | 60 | 60 | 60 |
| | $B_2$(cm) | 175 | 218 | 262 | 325 | 373 | 175 | 218 | 262 | 305 | 358 | 175 | 218 | 262 | 305 | 348 |
| | $h_n$(cm) | 50 | 50 | 50 | 50 | 50 | 50 | 50 | 50 | 50 | 50 | 50 | 50 | 50 | 50 | 50 |
| 设计资料 | | 地基承载力 $\sigma$ = 800kPa、填土内摩擦角 35° | | | | | 地基承载力 $\sigma$ = 800kPa、填土内摩擦角 40° | | | | | 地基承载力 $\sigma$ = 800kPa、填土内摩擦角 45° | | | | |
| 墙高 $H$(m) | | 2 | 3 | 4 | 5 | 6 | 2 | 3 | 4 | 5 | 6 | 2 | 3 | 4 | 5 | 6 |
| 截面尺寸 | $B_1$(cm) | 60 | 60 | 60 | 80 | 85 | 60 | 60 | 60 | 60 | 70 | 60 | 60 | 60 | 60 | 60 |
| | $B_2$(cm) | 175 | 218 | 262 | 325 | 373 | 175 | 218 | 262 | 305 | 358 | 175 | 218 | 262 | 305 | 348 |
| | $h_n$(cm) | 50 | 50 | 50 | 50 | 50 | 50 | 50 | 50 | 50 | 50 | 50 | 50 | 50 | 50 | 50 |

表 E.0.15-5

## 浸水地区仰斜式挡土墙截面主要尺寸表

| | | | | | | | | | | | | | | | | | | | | | | | | | | | | | | |
|---|---|---|---|---|---|---|---|---|---|---|---|---|---|---|---|---|---|---|---|---|---|---|---|---|---|---|---|---|---|---|
| 重力式仰斜挡土墙 | | | | | | | | | | | | | | | | | | | | | | | | | | | | | | |
| 设计资料 | | 地基承载力 $\sigma$ =250kPa、填土内摩擦角 35° | | | | | | | | | | | | | | | | | | | | | | | | | | | | |
| 墙高 $H$(m) | | 3 | | | | 4 | | | | | | 5 | | | | | | 6 | | | | | | 7 | | | | | | |
| 填土高 $h$(m) | | 0 | 1 | 2 | 3 | 0 | 1 | 2 | 3 | 4 | 5 | 0 | 1 | 2 | 3 | 4 | 5 | 0 | 1 | 2 | 3 | 4 | 5 | 0 | 1 | 2 | 3 | 4 | 5 | |
| 截面尺寸 | $B_1$(cm) | 50 | 85 | 125 | 175 | 55 | 85 | 115 | 145 | 175 | 215 | 75 | 105 | 135 | 170 | 210 | 265 | 85 | 120 | 160 | 205 | 250 | 310 | 110 | 135 | 170 | 215 | 270 | 335 | |
| | $B_2$(cm) | 110 | 143 | 181 | 229 | 129 | 157 | 186 | 214 | 243 | 281 | 162 | 191 | 219 | 252 | 291 | 343 | 186 | 219 | 257 | 300 | 343 | 400 | 224 | 248 | 281 | 324 | 376 | 438 | |
| | $k$ | 0.2 | 0.2 | 0.2 | 0.2 | 0.2 | 0.2 | 0.2 | 0.2 | 0.2 | 0.2 | 0.2 | 0.2 | 0.2 | 0.2 | 0.2 | 0.2 | 0.2 | 0.2 | 0.2 | 0.2 | 0.2 | 0.2 | 0.2 | 0.2 | 0.2 | 0.2 | 0.2 | 0.2 | |
| 设计资料 | | 地基承载力 $\sigma$ =250kPa、填土内摩擦角 35° | | | | | | | | | | | | | | | | | | | | 地基承载力 $\sigma$ =250kPa、填土内摩擦角 40° | | | | | | | | |
| 墙高 $H$(m) | | 8 | | | | | | 9 | | | | | | | 10 | | | | | | | 3 | | | | | | | | |
| 填土高 $h$(m) | | 0 | 1 | 2 | 3 | 4 | 5 | 0 | 1 | 2 | 3 | 4 | 5 | 6 | 0 | 1 | 2 | 3 | 4 | 5 | 6 | 0 | 1 | 2 | 3 | 4 | 5 | 6 | 7 | 8 |
| 截面尺寸 | $B_1$(cm) | 125 | 155 | 190 | 235 | 290 | 350 | 145 | 175 | 210 | 250 | 305 | 370 | 445 | 170 | 200 | 230 | 255 | 315 | 375 | 450 | 50 | 50 | 50 | 50 | 50 | 50 | 50 | 50 | 50 |
| | $B_2$(cm) | 252 | 281 | 314 | 357 | 410 | 467 | 286 | 314 | 348 | 386 | 438 | 500 | 571 | 324 | 352 | 381 | 405 | 462 | 519 | 591 | 111 | 111 | 111 | 111 | 111 | 111 | 111 | 111 | 111 |
| | $k$ | 0.2 | 0.2 | 0.2 | 0.2 | 0.2 | 0.2 | 0.2 | 0.2 | 0.2 | 0.2 | 0.2 | 0.2 | 0.2 | 0.2 | 0.2 | 0.2 | 0.2 | 0.2 | 0.2 | 0.2 | 0.15 | 0.15 | 0.15 | 0.15 | 0.15 | 0.15 | 0.15 | 0.15 | 0.15 |
| 设计资料 | | 地基承载力 $\sigma$ =250kPa、填土内摩擦角 40° | | | | | | | | | | | | | | | | | | | | | | | | | | | | |
| 墙高 $H$(m) | | 4 | | | | | | | | | 5 | | | | | | | | | 6 | | | | | | | | | | |
| 填土高 $h$(m) | | 0 | 1 | 2 | 3 | 4 | 5 | 6 | 7 | 8 | 0 | 1 | 2 | 3 | 4 | 5 | 6 | 7 | 8 | 0 | 1 | 2 | 3 | 4 | 5 | 6 | 7 | 8 | | |
| 截面尺寸 | $B_1$(cm) | 50 | 60 | 70 | 70 | 70 | 70 | 70 | 70 | 70 | 50 | 65 | 85 | 100 | 105 | 105 | 105 | 105 | 105 | 70 | 80 | 100 | 120 | 135 | 145 | 145 | 145 | 145 | | |
| | $B_2$(cm) | 125 | 135 | 145 | 145 | 145 | 145 | 145 | 145 | 145 | 140 | 154 | 174 | 188 | 193 | 193 | 193 | 193 | 193 | 174 | 183 | 202 | 222 | 236 | 246 | 246 | 246 | 246 | | |
| | $k$ | 0.15 | 0.15 | 0.15 | 0.15 | 0.15 | 0.15 | 0.15 | 0.15 | 0.15 | 0.15 | 0.15 | 0.15 | 0.15 | 0.15 | 0.15 | 0.15 | 0.15 | 0.15 | 0.15 | 0.15 | 0.15 | 0.15 | 0.15 | 0.15 | 0.15 | 0.15 | 0.15 | | |
| 墙高 $H$(m) | | 7 | | | | | | | | | 8 | | | | | | | | | 9 | | | | | | | | | | |
| 填土高 $h$(m) | | 0 | 1 | 2 | 3 | 4 | 5 | 6 | 7 | 8 | 0 | 1 | 2 | 3 | 4 | 5 | 6 | 7 | 8 | 0 | 1 | 2 | 3 | 4 | 5 | 6 | 7 | 8 | | |
| 截面尺寸 | $B_1$(cm) | 90 | 110 | 115 | 130 | 150 | 170 | 185 | 185 | 185 | 105 | 130 | 140 | 150 | 165 | 190 | 205 | 225 | 235 | 130 | 155 | 165 | 180 | 185 | 205 | 225 | 245 | 265 | | |
| | $B_2$(cm) | 207 | 227 | 231 | 246 | 265 | 284 | 299 | 299 | 299 | 236 | 260 | 270 | 280 | 294 | 318 | 333 | 352 | 361 | 275 | 299 | 308 | 323 | 328 | 347 | 366 | 386 | 405 | | |
| | $k$ | 0.15 | 0.15 | 0.15 | 0.15 | 0.15 | 0.15 | 0.15 | 0.15 | 0.15 | 0.15 | 0.15 | 0.15 | 0.15 | 0.15 | 0.15 | 0.15 | 0.15 | 0.15 | 0.15 | 0.15 | 0.15 | 0.15 | 0.15 | 0.15 | 0.15 | 0.15 | 0.15 | | |

续上表

| 重力式仰斜挡土墙 | | | | | | | | | | | | | | | | | | | | | | | | | | | | |
|---|---|---|---|---|---|---|---|---|---|---|---|---|---|---|---|---|---|---|---|---|---|---|---|---|---|---|---|---|
| 设计资料 | | 地基承载力 $\sigma$ = 250kPa、填土内摩擦角 40° | | | | | | | | | 地基承载力 $\sigma$ = 250kPa、填土内摩擦角 45° | | | | | | | | | | | | | | | | | |
| 墙高 $H$(m) | | 10 | | | | | | | | | 3 | | | | | | | | | 4 | | | | | | | | |
| 填土高 $h$(m) | | 0 | 1 | 2 | 3 | 4 | 5 | 6 | 7 | 8 | 0 | 1 | 2 | 3 | 4 | 5 | 6 | 7 | 8 | 0 | 1 | 2 | 3 | 4 | 5 | 6 | 7 | 8 |
| 截面尺寸 | $B_1$(cm) | | 175 | 195 | 205 | 215 | 220 | 245 | 265 | 290 | 50 | 50 | 50 | 50 | 50 | 50 | 50 | 50 | 50 | 50 | 55 | 55 | 55 | 55 | 55 | 55 | 55 | 55 |
| | $B_2$(cm) | | 333 | 352 | 361 | 371 | 376 | 400 | 419 | 443 | 112 | 112 | 112 | 112 | 112 | 112 | 112 | 112 | 112 | 126 | 131 | 131 | 131 | 131 | 131 | 131 | 131 | 131 |
| | $k$ | | 0.15 | 0.15 | 0.15 | 0.15 | 0.15 | 0.15 | 0.15 | 0.15 | 0.15 | 0.15 | 0.15 | 0.15 | 0.15 | 0.15 | 0.15 | 0.15 | 0.15 | 0.15 | 0.15 | 0.15 | 0.15 | 0.15 | 0.15 | 0.15 | 0.15 | 0.15 |
| 设计资料 | | 地基承载力 $\sigma$ = 250kPa、填土内摩擦角 45° | | | | | | | | | | | | | | | | | | | | | | | | | | |
| 墙高 $H$(m) | | 5 | | | | | | | | | 6 | | | | | | | | | 7 | | | | | | | | |
| 填土高 $h$(m) | | 0 | 1 | 2 | 3 | 4 | 5 | 6 | 7 | 8 | 0 | 1 | 2 | 3 | 4 | 5 | 6 | 7 | 8 | 0 | 1 | 2 | 3 | 4 | 5 | 6 | 7 | 8 |
| 截面尺寸 | $B_1$(cm) | 50 | 50 | 50 | 50 | 50 | 50 | 50 | 50 | 50 | 60 | 70 | 70 | 70 | 70 | 70 | 70 | 70 | 70 | 80 | 90 | 95 | 95 | 95 | 95 | 95 | 95 | 95 |
| | $B_2$(cm) | 141 | 141 | 141 | 141 | 141 | 141 | 141 | 141 | 141 | 165 | 175 | 175 | 175 | 175 | 175 | 175 | 175 | 175 | 199 | 209 | 214 | 214 | 214 | 214 | 214 | 214 | 214 |
| | $k$ | 0.15 | 0.15 | 0.15 | 0.15 | 0.15 | 0.15 | 0.15 | 0.15 | 0.15 | 0.15 | 0.15 | 0.15 | 0.15 | 0.15 | 0.15 | 0.15 | 0.15 | 0.15 | 0.15 | 0.15 | 0.15 | 0.15 | 0.15 | 0.15 | 0.15 | 0.15 | 0.15 |
| 墙高 $H$(m) | | 8 | | | | | | | | | 9 | | | | | | | | | 10 | | | | | | | | |
| 填土高 $h$(m) | | 0 | 1 | 2 | 3 | 4 | 5 | 6 | 7 | 8 | 0 | 1 | 2 | 3 | 4 | 5 | 6 | 7 | 8 | 0 | 1 | 2 | 3 | 4 | 5 | 6 | 7 | 8 |
| 截面尺寸 | $B_1$(cm) | 100 | 115 | 120 | 120 | 125 | 125 | 125 | 125 | 125 | | 135 | 145 | 150 | 150 | 150 | 150 | 150 | 150 | | 160 | 170 | 175 | 180 | 180 | 180 | 180 | 180 |
| | $B_2$(cm) | 233 | 248 | 252 | 252 | 257 | 257 | 257 | 257 | 257 | | 282 | 291 | 296 | 296 | 296 | 296 | 296 | 296 | | 320 | 330 | 335 | 340 | 340 | 340 | 340 | 340 |
| | $k$ | 0.15 | 0.15 | 0.15 | 0.15 | 0.15 | 0.15 | 0.15 | 0.15 | 0.15 | | 0.15 | 0.15 | 0.15 | 0.15 | 0.15 | 0.15 | 0.15 | 0.15 | | 0.15 | 0.15 | 0.15 | 0.15 | 0.15 | 0.15 | 0.15 | 0.15 |
| 设计资料 | | 地基承载力 $\sigma$ = 500kPa、填土内摩擦角 35° | | | | | | | | | | | | | | | | | | | | | | | | | | |
| 墙高 $H$(m) | | 3 | | | | | | | | | 4 | | | | | | | | | 5 | | | | | | | | |
| 填土高 $h$(m) | | 0 | 1 | 2 | 3 | 4 | 5 | 6 | 7 | 8 | 0 | 1 | 2 | 3 | 4 | 5 | 6 | 7 | 8 | 0 | 1 | 2 | 3 | 4 | 5 | 6 | 7 | 8 |
| 截面尺寸 | $B_1$(cm) | 60 | 60 | 80 | 95 | 95 | 100 | 105 | 105 | 110 | 60 | 60 | 80 | 100 | 110 | 125 | 130 | 140 | 145 | 70 | 80 | 90 | 110 | 130 | 150 | 165 | 185 | 200 |
| | $B_2$(cm) | 122 | 122 | 141 | 156 | 156 | 161 | 166 | 166 | 171 | 136 | 136 | 156 | 175 | 185 | 200 | 205 | 214 | 219 | 161 | 171 | 180 | 200 | 219 | 239 | 253 | 273 | 288 |
| | $k$ | 0.15 | 0.15 | 0.15 | 0.15 | 0.15 | 0.15 | 0.15 | 0.15 | 0.15 | 0.15 | 0.15 | 0.15 | 0.15 | 0.15 | 0.15 | 0.15 | 0.15 | 0.15 | 0.15 | 0.15 | 0.15 | 0.15 | 0.15 | 0.15 | 0.15 | 0.15 | 0.15 |

续上表

| 重力式仰斜挡土墙 | | | | | | | | | | | | | | | | | | | | | | | | | | | | |
|---|---|---|---|---|---|---|---|---|---|---|---|---|---|---|---|---|---|---|---|---|---|---|---|---|---|---|---|---|
| 设计资料 | | 地基承载力 $\sigma$ = 500kPa、填土内摩擦角 35° | | | | | | | | | | | | | | | | | | | | | | | | | | |
| 墙高 $H$(m) | | 6 | | | | | | | | | 7 | | | | | | | | | 8 | | | | | | | | |
| 填土高 $h$(m) | | 0 | 1 | 2 | 3 | 4 | 5 | 6 | 7 | 8 | 0 | 1 | 2 | 3 | 4 | 5 | 6 | 7 | 8 | 0 | 1 | 2 | 3 | 4 | 5 | 6 | 7 | 8 |
| 截面尺寸 | $B_1$(cm) | 85 | 110 | 130 | 130 | 150 | 170 | 195 | 215 | 240 | 110 | 135 | 150 | 165 | 180 | 195 | 215 | 240 | 270 | 130 | 160 | 185 | 195 | 205 | 220 | 240 | 265 | 295 |
| | $B_2$(cm) | 190 | 214 | 234 | 234 | 253 | 273 | 297 | 317 | 341 | 229 | 253 | 268 | 283 | 297 | 312 | 331 | 356 | 385 | 263 | 292 | 317 | 327 | 336 | 351 | 370 | 395 | 424 |
| | $k$ | 0.15 | 0.15 | 0.15 | 0.15 | 0.15 | 0.15 | 0.15 | 0.15 | 0.15 | 0.15 | 0.15 | 0.15 | 0.15 | 0.15 | 0.15 | 0.15 | 0.15 | 0.15 | 0.15 | 0.15 | 0.15 | 0.15 | 0.15 | 0.15 | 0.15 | 0.15 | 0.15 |
| 设计资料 | | 地基承载力 $\sigma$ = 500kPa、填土内摩擦角 35° | | | | | | | | | | | | | | | | | | 地基承载力 $\sigma$ = 500kPa、填土内摩擦角 40° | | | | | | | | |
| 墙高 $H$(m) | | 9 | | | | | | | | | 10 | | | | | | | | | 3 | | | | | | | | |
| 填土高 $h$(m) | | 0 | 1 | 2 | 3 | 4 | 5 | 6 | 7 | 8 | 0 | 1 | 2 | 3 | 4 | 5 | 6 | 7 | 8 | 0 | 1 | 2 | 3 | 4 | 5 | 6 | 7 | 8 |
| 截面尺寸 | $B_1$(cm) | 150 | 180 | 210 | 230 | 240 | 255 | 270 | 285 | 315 | 175 | 205 | 235 | 260 | 275 | 290 | 300 | 310 | 330 | 60 | 60 | 60 | 60 | 60 | 60 | 60 | 60 | 60 |
| | $B_2$(cm) | 297 | 327 | 356 | 375 | 385 | 400 | 414 | 429 | 458 | 336 | 366 | 395 | 419 | 434 | 448 | 458 | 468 | 487 | 122 | 122 | 122 | 122 | 122 | 122 | 122 | 122 | 122 |
| | $k$ | 0.15 | 0.15 | 0.15 | 0.15 | 0.15 | 0.15 | 0.15 | 0.15 | 0.15 | 0.15 | 0.15 | 0.15 | 0.15 | 0.15 | 0.15 | 0.15 | 0.15 | 0.15 | 0.15 | 0.15 | 0.15 | 0.15 | 0.15 | 0.15 | 0.15 | 0.15 | 0.15 |
| 设计资料 | | 地基承载力 $\sigma$ = 500kPa、填土内摩擦角 40° | | | | | | | | | | | | | | | | | | | | | | | | | | |
| 墙高 $H$(m) | | 4 | | | | | | | | | 5 | | | | | | | | | 6 | | | | | | | | |
| 填土高 $h$(m) | | 0 | 1 | 2 | 3 | 4 | 5 | 6 | 7 | 8 | 0 | 1 | 2 | 3 | 4 | 5 | 6 | 7 | 8 | 0 | 1 | 2 | 3 | 4 | 5 | 6 | 7 | 8 |
| 截面尺寸 | $B_1$(cm) | 60 | 60 | 60 | 60 | 60 | 60 | 60 | 60 | 60 | 60 | 60 | 70 | 80 | 80 | 80 | 80 | 80 | 80 | 70 | 80 | 90 | 100 | 110 | 110 | 110 | 110 | 110 |
| | $B_2$(cm) | 122 | 122 | 122 | 122 | 122 | 122 | 122 | 122 | 122 | 151 | 151 | 161 | 171 | 171 | 171 | 171 | 171 | 171 | 175 | 185 | 195 | 205 | 214 | 214 | 214 | 214 | 214 |
| | $k$ | 0.15 | 0.15 | 0.15 | 0.15 | 0.15 | 0.15 | 0.15 | 0.15 | 0.15 | 0.15 | 0.15 | 0.15 | 0.15 | 0.15 | 0.15 | 0.15 | 0.15 | 0.15 | 0.15 | 0.15 | 0.15 | 0.15 | 0.15 | 0.15 | 0.15 | 0.15 | 0.15 |
| 墙高 $H$(m) | | 7 | | | | | | | | | 8 | | | | | | | | | 9 | | | | | | | | |
| 填土高 $h$(m) | | 0 | 1 | 2 | 3 | 4 | 5 | 6 | 7 | 8 | 0 | 1 | 2 | 3 | 4 | 5 | 6 | 7 | 8 | 0 | 1 | 2 | 3 | 4 | 5 | 6 | 7 | 8 |
| 截面尺寸 | $B_1$(cm) | 90 | 110 | 120 | 120 | 130 | 130 | 130 | 130 | 130 | 110 | 130 | 140 | 150 | 160 | 165 | 170 | 180 | 190 | 130 | 160 | 170 | 180 | 190 | 190 | 195 | 200 | 200 |
| | $B_2$(cm) | 210 | 229 | 239 | 239 | 249 | 249 | 249 | 249 | 249 | 244 | 263 | 273 | 283 | 292 | 297 | 302 | 312 | 322 | 278 | 307 | 317 | 327 | 336 | 336 | 341 | 346 | 346 |
| | $k$ | 0.15 | 0.15 | 0.15 | 0.15 | 0.15 | 0.15 | 0.15 | 0.15 | 0.15 | 0.15 | 0.15 | 0.15 | 0.15 | 0.15 | 0.15 | 0.15 | 0.15 | 0.15 | 0.15 | 0.15 | 0.15 | 0.15 | 0.15 | 0.15 | 0.15 | 0.15 | 0.15 |

续上表

| 重力式仰斜挡土墙 | | | | | | | | | | | | | | | | | | | | | | | | | | | | |
|---|---|---|---|---|---|---|---|---|---|---|---|---|---|---|---|---|---|---|---|---|---|---|---|---|---|---|---|---|
| 设计资料 | | 地基承载力 $\sigma$ = 500kPa、填土内摩擦角 40° | | | | | | | | | 地基承载力 $\sigma$ = 500kPa、填土内摩擦角 45° | | | | | | | | | | | | | | | | | |
| 墙高 $H$(m) | | 10 | | | | | | | | | 3 | | | | | | | | | 4 | | | | | | | | |
| 填土高 $h$(m) | | 0 | 1 | 2 | 3 | 4 | 5 | 6 | 7 | 8 | 0 | 1 | 2 | 3 | 4 | 5 | 6 | 7 | 8 | 0 | 1 | 2 | 3 | 4 | 5 | 6 | 7 | 8 |
| 截面尺寸 | $B_1$(cm) | | 175 | 195 | 205 | 215 | 220 | 225 | 230 | 230 | 60 | 60 | 60 | 60 | 60 | 60 | 60 | 60 | 60 | 60 | 60 | 60 | 60 | 60 | 60 | 60 | 60 | 60 |
| | $B_2$(cm) | | 336 | 356 | 366 | 375 | 380 | 385 | 390 | 390 | 123 | 123 | 123 | 123 | 123 | 123 | 123 | 123 | 123 | 137 | 137 | 137 | 137 | 137 | 137 | 137 | 137 | 137 |
| | $k$ | | 0.15 | 0.15 | 0.15 | 0.15 | 0.15 | 0.15 | 0.15 | 0.15 | 0.15 | 0.15 | 0.15 | 0.15 | 0.15 | 0.15 | 0.15 | 0.15 | 0.15 | 0.15 | 0.15 | 0.15 | 0.15 | 0.15 | 0.15 | 0.15 | 0.15 | 0.15 |
| 设计资料 | | 地基承载力 $\sigma$ = 500kPa、填土内摩擦角 45° | | | | | | | | | | | | | | | | | | | | | | | | | | |
| 墙高 $H$(m) | | 5 | | | | | | | | | 6 | | | | | | | | | 7 | | | | | | | | |
| 填土高 $h$(m) | | 0 | 1 | 2 | 3 | 4 | 5 | 6 | 7 | 8 | 0 | 1 | 2 | 3 | 4 | 5 | 6 | 7 | 8 | 0 | 1 | 2 | 3 | 4 | 5 | 6 | 7 | 8 |
| 截面尺寸 | $B_1$(cm) | 60 | 60 | 60 | 60 | 60 | 60 | 60 | 60 | 60 | 60 | 70 | 80 | 80 | 80 | 80 | 80 | 80 | 80 | 80 | 90 | 100 | 100 | 100 | 100 | 100 | 100 | 100 |
| | $B_2$(cm) | 152 | 152 | 152 | 152 | 152 | 152 | 152 | 152 | 152 | 167 | 177 | 187 | 187 | 187 | 187 | 187 | 187 | 187 | 201 | 211 | 221 | 221 | 221 | 221 | 221 | 221 | 221 |
| | $k$ | 0.15 | 0.15 | 0.15 | 0.15 | 0.15 | 0.15 | 0.15 | 0.15 | 0.15 | 0.15 | 0.15 | 0.15 | 0.15 | 0.15 | 0.15 | 0.15 | 0.15 | 0.15 | 0.15 | 0.15 | 0.15 | 0.15 | 0.15 | 0.15 | 0.15 | 0.15 | 0.15 |
| 墙高 $H$(m) | | 8 | | | | | | | | | 9 | | | | | | | | | 10 | | | | | | | | |
| 填土高 $h$(m) | | 0 | 1 | 2 | 3 | 4 | 5 | 6 | 7 | 8 | 0 | 1 | 2 | 3 | 4 | 5 | 6 | 7 | 8 | 0 | 1 | 2 | 3 | 4 | 5 | 6 | 7 | 8 |
| 截面尺寸 | $B_1$(cm) | 100 | 120 | 120 | 120 | 125 | 125 | 125 | 125 | 125 | 120 | 145 | 150 | 150 | 150 | 150 | 150 | 150 | 150 | 140 | 160 | 170 | 180 | 180 | 180 | 180 | 180 | 180 |
| | $B_2$(cm) | 236 | 255 | 255 | 255 | 260 | 260 | 260 | 260 | 260 | 270 | 295 | 299 | 299 | 299 | 299 | 299 | 299 | 299 | 304 | 324 | 334 | 344 | 344 | 344 | 344 | 344 | 344 |
| | $k$ | 0.15 | 0.15 | 0.15 | 0.15 | 0.15 | 0.15 | 0.15 | 0.15 | 0.15 | 0.15 | 0.15 | 0.15 | 0.15 | 0.15 | 0.15 | 0.15 | 0.15 | 0.15 | 0.15 | 0.15 | 0.15 | 0.15 | 0.15 | 0.15 | 0.15 | 0.15 | 0.15 |
| 设计资料 | | 地基承载力 $\sigma$ = 800kPa、填土内摩擦角 35° | | | | | | | | | | | | | | | | | | | | | | | | | | |
| 墙高 $H$(m) | | 3 | | | | | | | | | 4 | | | | | | | | | 5 | | | | | | | | |
| 填土高 $h$(m) | | 0 | 1 | 2 | 3 | 4 | 5 | 6 | 7 | 8 | 0 | 1 | 2 | 3 | 4 | 5 | 6 | 7 | 8 | 0 | 1 | 2 | 3 | 4 | 5 | 6 | 7 | 8 |
| 截面尺寸 | $B_1$(cm) | 60 | 60 | 70 | 80 | 90 | 90 | 90 | 90 | 90 | 60 | 60 | 80 | 90 | 100 | 110 | 120 | 130 | 140 | 70 | 80 | 90 | 100 | 120 | 130 | 150 | 160 | 195 |
| | $B_2$(cm) | 122 | 122 | 132 | 141 | 151 | 151 | 151 | 151 | 151 | 136 | 136 | 156 | 166 | 175 | 185 | 195 | 205 | 214 | 161 | 171 | 180 | 190 | 210 | 219 | 239 | 249 | 258 |
| | $k$ | 0.15 | 0.15 | 0.15 | 0.15 | 0.15 | 0.15 | 0.15 | 0.15 | 0.15 | 0.15 | 0.15 | 0.15 | 0.15 | 0.15 | 0.15 | 0.15 | 0.15 | 0.15 | 0.15 | 0.15 | 0.15 | 0.15 | 0.15 | 0.15 | 0.15 | 0.15 | 0.15 |

续上表

| 重力式仰斜挡土墙 | | | | | | | | | | | | | | | | | | | | | | | | | | | |
|---|---|---|---|---|---|---|---|---|---|---|---|---|---|---|---|---|---|---|---|---|---|---|---|---|---|---|---|
| 设计资料 | 地基承载力 $\sigma$ = 800kPa、填土内摩擦角 35° | | | | | | | | | | | | | | | | | | | | | | | | | | |
| 墙高 $H$(m) | 6 | | | | | | | | | 7 | | | | | | | | | 8 | | | | | | | | |
| 填土高 $h$(m) | 0 | 1 | 2 | 3 | 4 | 5 | 6 | 7 | 8 | 0 | 1 | 2 | 3 | 4 | 5 | 6 | 7 | 8 | 0 | 1 | 2 | 3 | 4 | 5 | 6 | 7 | 8 |
| 截面尺寸 $B_1$(cm) | 85 | 110 | 125 | 130 | 140 | 150 | 160 | 180 | 200 | 110 | 140 | 150 | 165 | 175 | 185 | 185 | 195 | 210 | 130 | 160 | 185 | 195 | 205 | 220 | 230 | 240 | 250 |
| 截面尺寸 $B_2$(cm) | 190 | 214 | 229 | 234 | 244 | 253 | 263 | 283 | 302 | 229 | 258 | 268 | 283 | 292 | 302 | 302 | 312 | 327 | 263 | 292 | 317 | 327 | 336 | 351 | 361 | 370 | 380 |
| 截面尺寸 $k$ | 0.15 | 0.15 | 0.15 | 0.15 | 0.15 | 0.15 | 0.15 | 0.15 | 0.15 | 0.15 | 0.15 | 0.15 | 0.15 | 0.15 | 0.15 | 0.15 | 0.15 | 0.15 | 0.15 | 0.15 | 0.15 | 0.15 | 0.15 | 0.15 | 0.15 | 0.15 | 0.15 |
| 设计资料 | 地基承载力 $\sigma$ = 800kPa、填土内摩擦角 35° | | | | | | | | | | | | | | | | | | 地基承载力 $\sigma$ = 800kPa、填土内摩擦角 40° | | | | | | | | |
| 墙高 $H$(m) | 9 | | | | | | | | | 10 | | | | | | | | | 3 | | | | | | | | |
| 填土高 $h$(m) | 0 | 1 | 2 | 3 | 4 | 5 | 6 | 7 | 8 | 0 | 1 | 2 | 3 | 4 | 5 | 6 | 7 | 8 | 0 | 1 | 2 | 3 | 4 | 5 | 6 | 7 | 8 |
| 截面尺寸 $B_1$(cm) | 150 | 180 | 210 | 230 | 240 | 255 | 265 | 275 | 280 | 175 | 205 | 235 | 260 | 275 | 290 | 300 | 310 | 320 | 60 | 60 | 60 | 60 | 60 | 60 | 60 | 60 | 60 |
| 截面尺寸 $B_2$(cm) | 297 | 327 | 356 | 375 | 385 | 400 | 409 | 419 | 424 | 363 | 366 | 395 | 419 | 434 | 448 | 458 | 468 | 490 | 122 | 122 | 122 | 122 | 122 | 122 | 122 | 122 | 122 |
| 截面尺寸 $k$ | 0.15 | 0.15 | 0.15 | 0.15 | 0.15 | 0.15 | 0.15 | 0.15 | 0.15 | 0.15 | 0.15 | 0.15 | 0.15 | 0.15 | 0.15 | 0.15 | 0.15 | 0.15 | 0.15 | 0.15 | 0.15 | 0.15 | 0.15 | 0.15 | 0.15 | 0.15 | 0.15 |
| 设计资料 | 地基承载力 $\sigma$ = 800kPa、填土内摩擦角 40° | | | | | | | | | | | | | | | | | | | | | | | | | | |
| 墙高 $H$(m) | 4 | | | | | | | | | 5 | | | | | | | | | 6 | | | | | | | | |
| 填土高 $h$(m) | 0 | 1 | 2 | 3 | 4 | 5 | 6 | 7 | 8 | 0 | 1 | 2 | 3 | 4 | 5 | 6 | 7 | 8 | 0 | 1 | 2 | 3 | 4 | 5 | 6 | 7 | 8 |
| 截面尺寸 $B_1$(cm) | 60 | 60 | 60 | 60 | 60 | 60 | 60 | 60 | 60 | 60 | 60 | 80 | 90 | 90 | 90 | 90 | 90 | 90 | 70 | 80 | 90 | 100 | 110 | 120 | 120 | 120 | 120 |
| 截面尺寸 $B_2$(cm) | 136 | 136 | 136 | 136 | 136 | 136 | 136 | 136 | 136 | 151 | 151 | 171 | 180 | 180 | 180 | 180 | 180 | 180 | 175 | 185 | 195 | 205 | 214 | 224 | 224 | 224 | 224 |
| 截面尺寸 $k$ | 0.15 | 0.15 | 0.15 | 0.15 | 0.15 | 0.15 | 0.15 | 0.15 | 0.15 | 0.15 | 0.15 | 0.15 | 0.15 | 0.15 | 0.15 | 0.15 | 0.15 | 0.15 | 0.15 | 0.15 | 0.15 | 0.15 | 0.15 | 0.15 | 0.15 | 0.15 | 0.15 |
| 墙高 $H$(m) | 7 | | | | | | | | | 8 | | | | | | | | | 9 | | | | | | | | |
| 填土高 $h$(m) | 0 | 1 | 2 | 3 | 4 | 5 | 6 | 7 | 8 | 0 | 1 | 2 | 3 | 4 | 5 | 6 | 7 | 8 | 0 | 1 | 2 | 3 | 4 | 5 | 6 | 7 | 8 |
| 截面尺寸 $B_1$(cm) | 90 | 110 | 120 | 130 | 140 | 150 | 160 | 160 | 160 | 110 | 130 | 140 | 150 | 160 | 170 | 180 | 180 | 180 | 130 | 155 | 165 | 180 | 190 | 190 | 195 | 200 | 200 |
| 截面尺寸 $B_2$(cm) | 210 | 229 | 239 | 249 | 258 | 268 | 278 | 278 | 278 | 244 | 263 | 273 | 283 | 292 | 302 | 312 | 312 | 312 | 278 | 302 | 312 | 327 | 336 | 336 | 341 | 346 | 346 |
| 截面尺寸 $k$ | 0.15 | 0.15 | 0.15 | 0.15 | 0.15 | 0.15 | 0.15 | 0.15 | 0.15 | 0.15 | 0.15 | 0.15 | 0.15 | 0.15 | 0.15 | 0.15 | 0.15 | 0.15 | 0.15 | 0.15 | 0.15 | 0.15 | 0.15 | 0.15 | 0.15 | 0.15 | 0.15 |

续上表

| 重力式仰斜挡土墙 | | | | | | | | | | | | | | | | | | | | | | | | | | | | |
|---|---|---|---|---|---|---|---|---|---|---|---|---|---|---|---|---|---|---|---|---|---|---|---|---|---|---|---|---|
| 设计资料 | | 地基承载力 $\sigma=800$kPa、填土内摩擦角 40° | | | | | | | | | | | | | | | | | | | | | | | | | | |
| 墙高 $H$(m) | | 10 | | | | | | | | | 11 | 12 | 13 | | | | | | | | | | | | | | | |
| 填土高 $h$(m) | | 0 | 1 | 2 | 3 | 4 | 5 | 6 | 7 | 8 | 0 | 0 | 0 | | | | | | | | | | | | | | | |
| 截面尺寸 | $B_1$(cm) | 150 | 175 | 195 | 205 | 215 | 220 | 230 | 240 | 240 | 170 | 195 | 215 | | | | | | | | | | | | | | | |
| | $B_2$(cm) | 312 | 336 | 356 | 366 | 375 | 380 | 390 | 400 | 400 | 346 | 385 | 419 | | | | | | | | | | | | | | | |
| | $k$ | 0.15 | 0.15 | 0.15 | 0.15 | 0.15 | 0.15 | 0.15 | 0.15 | 0.15 | 0.15 | 0.15 | 0.15 | | | | | | | | | | | | | | | |
| 设计资料 | | 地基承载力 $\sigma=800$kPa、填土内摩擦角 45° | | | | | | | | | | | | | | | | | | | | | | | | | | |
| 墙高 $H$(m) | | 3 | | | | | | | | | 4 | | | | | | | | | 5 | | | | | | | | |
| 填土高 $h$(m) | | 0 | 1 | 2 | 3 | 4 | 5 | 6 | 7 | 8 | 0 | 1 | 2 | 3 | 4 | 5 | 6 | 7 | 8 | 0 | 1 | 2 | 3 | 4 | 5 | 6 | 7 | 8 |
| 截面尺寸 | $B_1$(cm) | 60 | 60 | 60 | 60 | 60 | 60 | 60 | 60 | 60 | 60 | 60 | 60 | 60 | 60 | 60 | 60 | 60 | 60 | 60 | 60 | 60 | 60 | 60 | 60 | 60 | 60 | 60 |
| | $B_2$(cm) | 123 | 123 | 123 | 123 | 123 | 123 | 123 | 123 | 123 | 137 | 137 | 137 | 137 | 137 | 137 | 137 | 137 | 137 | 152 | 152 | 152 | 152 | 152 | 152 | 152 | 152 | 152 |
| | $k$ | 0.15 | 0.15 | 0.15 | 0.15 | 0.15 | 0.15 | 0.15 | 0.15 | 0.15 | 0.15 | 0.15 | 0.15 | 0.15 | 0.15 | 0.15 | 0.15 | 0.15 | 0.15 | 0.15 | 0.15 | 0.15 | 0.15 | 0.15 | 0.15 | 0.15 | 0.15 | 0.15 |
| 墙高 $H$(m) | | 6 | | | | | | | | | 7 | | | | | | | | | 8 | | | | | | | | |
| 填土高 $h$(m) | | 0 | 1 | 2 | 3 | 4 | 5 | 6 | 7 | 8 | 0 | 1 | 2 | 3 | 4 | 5 | 6 | 7 | 8 | 0 | 1 | 2 | 3 | 4 | 5 | 6 | 7 | 8 |
| 截面尺寸 | $B_1$(cm) | 60 | 70 | 70 | 70 | 70 | 70 | 70 | 70 | 70 | 80 | 90 | 95 | 95 | 95 | 95 | 95 | 95 | 95 | 100 | 115 | 120 | 120 | 125 | 125 | 125 | 125 | 125 |
| | $B_2$(cm) | 167 | 177 | 177 | 177 | 177 | 177 | 177 | 177 | 177 | 201 | 211 | 216 | 216 | 216 | 216 | 216 | 216 | 216 | 236 | 250 | 255 | 255 | 260 | 260 | 260 | 260 | 260 |
| | $k$ | 0.15 | 0.15 | 0.15 | 0.15 | 0.15 | 0.15 | 0.15 | 0.15 | 0.15 | 0.15 | 0.15 | 0.15 | 0.15 | 0.15 | 0.15 | 0.15 | 0.15 | 0.15 | 0.15 | 0.15 | 0.15 | 0.15 | 0.15 | 0.15 | 0.15 | 0.15 | 0.15 |
| 墙高 $H$(m) | | 9 | | | | | | | | | 10 | | | | | | | | | 11 | 12 | 13 | 14 | 15 | | | | |
| 填土高 $h$(m) | | 0 | 1 | 2 | 3 | 4 | 5 | 6 | 7 | 8 | 0 | 1 | 2 | 3 | 4 | 5 | 6 | 7 | 8 | 0 | 0 | 0 | 0 | 0 | | | | |
| 截面尺寸 | $B_1$(cm) | 120 | 135 | 145 | 150 | 150 | 150 | 150 | 150 | 150 | 140 | 160 | 170 | 180 | 180 | 180 | 180 | 180 | 180 | 160 | 180 | 200 | 225 | 250 | | | | |
| | $B_2$(cm) | 270 | 285 | 295 | 299 | 299 | 299 | 299 | 299 | 299 | 304 | 324 | 334 | 344 | 344 | 344 | 344 | 344 | 344 | 339 | 373 | 407 | 447 | 486 | | | | |
| | $k$ | 0.15 | 0.15 | 0.15 | 0.15 | 0.15 | 0.15 | 0.15 | 0.15 | 0.15 | 0.15 | 0.15 | 0.15 | 0.15 | 0.15 | 0.15 | 0.15 | 0.15 | 0.15 | 0.15 | 0.15 | 0.15 | 0.15 | 0.15 | | | | |

## 浸水地区衡重式挡土墙截面主要尺寸表

表 E. 0. 15-6

| 衡重式路肩墙 | | | | | | | | | | | | | | | | | | | | | | | | | |
|---|---|---|---|---|---|---|---|---|---|---|---|---|---|---|---|---|---|---|---|---|---|---|---|---|---|
| 设计资料 | | 地基承载力 $\sigma$ = 250kPa、填土内摩擦角 35° | | | | | | | | 地基承载力 $\sigma$ = 250kPa、填土内摩擦角 40° | | | | | | | | 地基承载力 $\sigma$ = 250kPa、填土内摩擦角 45° | | | | | | | |
| 墙高 $H$(m) | | 3 | 4 | 5 | 6 | 7 | 8 | | | 3 | 4 | 5 | 6 | 7 | 8 | 9 | | 3 | 4 | 5 | 6 | 7 | 8 | 9 | |
| 截面尺寸 | $B_1$(cm) | 50 | 50 | 50 | 70 | 120 | 140 | | | 50 | 50 | 50 | 60 | 80 | 100 | 170 | | 50 | 50 | 50 | 50 | 60 | 90 | 90 | |
| | $B_2$(cm) | 135 | 140 | 146 | 196 | 285 | 330 | | | 135 | 140 | 146 | 167 | 226 | 252 | 409 | | 135 | 140 | 146 | 152 | 178 | 242 | 248 | |
| | $B_t$(cm) | 50 | 50 | 50 | 75 | 110 | 130 | | | 50 | 50 | 50 | 55 | 90 | 90 | 175 | | 50 | 50 | 50 | 50 | 60 | 90 | 90 | |
| | $h_1$(cm) | 120 | 160 | 200 | 240 | 280 | 320 | | | 120 | 160 | 200 | 240 | 280 | 320 | 360 | | 120 | 160 | 200 | 240 | 280 | 320 | 360 | |
| | $h_2$(cm) | 180 | 240 | 300 | 360 | 420 | 480 | | | 180 | 240 | 300 | 360 | 420 | 480 | 540 | | 180 | 240 | 300 | 360 | 420 | 480 | 540 | |
| | $b_j$(cm) | 20 | 20 | 20 | 20 | 20 | 40 | | | 20 | 20 | 20 | 20 | 20 | 40 | 40 | | 20 | 20 | 20 | 20 | 20 | 20 | 40 | |
| | $h_j$(cm) | 40 | 40 | 40 | 40 | 40 | 60 | | | 40 | 40 | 40 | 40 | 40 | 60 | 60 | | 40 | 40 | 40 | 40 | 40 | 40 | 60 | |
| | $h_n$(cm) | 14 | 14 | 15 | 20 | 29 | 33 | | | 14 | 14 | 15 | 17 | 23 | 25 | 41 | | 14 | 14 | 15 | 15 | 18 | 24 | 25 | |
| 设计资料 | | 地基承载力 $\sigma$ = 500kPa、填土内摩擦角 35° | | | | | | | | 地基承载力 $\sigma$ = 500kPa、填土内摩擦角 40° | | | | | | | | 地基承载力 $\sigma$ = 500kPa、填土内摩擦角 45° | | | | | | | |
| 墙高 $H$(m) | | 3 | 4 | 5 | 6 | 7 | 8 | 9 | 10 | 3 | 4 | 5 | 6 | 7 | 8 | 9 | 10 | 3 | 4 | 5 | 6 | 7 | 8 | 9 | 10 |
| 截面尺寸 | $B_1$(cm) | 50 | 50 | 50 | 60 | 90 | 100 | 120 | 135 | 50 | 50 | 50 | 60 | 80 | 100 | 110 | 120 | 50 | 50 | 50 | 50 | 60 | 80 | 105 | 110 |
| | $B_2$(cm) | 135 | 140 | 146 | 177 | 217 | 247 | 282 | 312 | 135 | 140 | 146 | 162 | 187 | 222 | 248 | 283 | 135 | 140 | 146 | 152 | 168 | 193 | 223 | 263 |
| | $B_t$(cm) | 50 | 50 | 50 | 65 | 70 | 85 | 95 | 105 | 50 | 50 | 50 | 50 | 50 | 60 | 70 | 90 | 50 | 50 | 50 | 50 | 50 | 50 | 50 | 80 |
| | $h_1$(cm) | 120 | 160 | 200 | 240 | 280 | 320 | 360 | 400 | 120 | 160 | 200 | 240 | 280 | 320 | 360 | 400 | 120 | 160 | 200 | 240 | 280 | 320 | 360 | 400 |
| | $h_2$(cm) | 180 | 240 | 300 | 360 | 420 | 480 | 540 | 600 | 180 | 240 | 300 | 360 | 420 | 480 | 540 | 600 | 180 | 240 | 300 | 360 | 420 | 480 | 540 | 600 |
| | $b_j$(cm) | 20 | 20 | 20 | 20 | 20 | 20 | 20 | 20 | 20 | 20 | 20 | 20 | 20 | 20 | 20 | 20 | 20 | 20 | 20 | 20 | 20 | 20 | 20 | 20 |
| | $h_j$(cm) | 40 | 40 | 40 | 40 | 40 | 40 | 40 | 40 | 40 | 40 | 40 | 40 | 40 | 40 | 40 | 40 | 40 | 40 | 40 | 40 | 40 | 40 | 40 | 40 |
| | $h_n$(cm) | 14 | 14 | 15 | 18 | 22 | 25 | 28 | 31 | 14 | 14 | 15 | 16 | 19 | 22 | 25 | 28 | 14 | 14 | 15 | 15 | 17 | 19 | 22 | 26 |

续上表

| 衡重式路肩墙 | | | | | | | | | | | | | | | | | | | | | | | | | |
|---|---|---|---|---|---|---|---|---|---|---|---|---|---|---|---|---|---|---|---|---|---|---|---|---|---|
| 设计资料 | | 地基承载力 $\sigma$ =800kPa、填土内摩擦角 35° | | | | | | | | 地基承载力 $\sigma$ =800kPa、填土内摩擦角 40° | | | | | | | | 地基承载力 $\sigma$ =800kPa、填土内摩擦角 45° | | | | | | | |
| 墙高 $H$(m) | | 3 | 4 | 5 | 6 | 7 | 8 | 9 | 10 | 3 | 4 | 5 | 6 | 7 | 8 | 9 | 10 | 3 | 4 | 5 | 6 | 7 | 8 | 9 | 10 |
| 截面尺寸 | $B_1$(cm) | 50 | 50 | 50 | 60 | 85 | 100 | 120 | 120 | 50 | 50 | 50 | 60 | 80 | 100 | 110 | 120 | 50 | 50 | 50 | 50 | 60 | 80 | 105 | 110 |
| | $B_2$(cm) | 135 | 140 | 146 | 177 | 212 | 247 | 282 | 302 | 135 | 140 | 146 | 162 | 187 | 222 | 248 | 283 | 135 | 140 | 146 | 152 | 168 | 193 | 223 | 254 |
| | $B_t$(cm) | 50 | 50 | 50 | 65 | 70 | 85 | 95 | 110 | 50 | 50 | 50 | 50 | 50 | 60 | 70 | 90 | 50 | 50 | 50 | 50 | 50 | 50 | 50 | 70 |
| | $h_1$(cm) | 120 | 160 | 200 | 240 | 280 | 320 | 360 | 400 | 120 | 160 | 200 | 240 | 280 | 320 | 360 | 400 | 120 | 160 | 200 | 240 | 280 | 320 | 360 | 400 |
| | $h_2$(cm) | 180 | 240 | 300 | 360 | 420 | 480 | 540 | 600 | 180 | 240 | 300 | 360 | 420 | 480 | 540 | 600 | 180 | 240 | 300 | 360 | 420 | 480 | 540 | 600 |
| | $b_j$(cm) | 20 | 20 | 20 | 20 | 20 | 20 | 20 | 20 | 20 | 20 | 20 | 20 | 20 | 20 | 20 | 20 | 20 | 20 | 20 | 20 | 20 | 20 | 20 | 20 |
| | $h_j$(cm) | 40 | 40 | 40 | 40 | 40 | 40 | 40 | 40 | 40 | 40 | 40 | 40 | 40 | 40 | 40 | 40 | 40 | 40 | 40 | 40 | 40 | 40 | 40 | 40 |
| | $h_n$(cm) | 14 | 14 | 15 | 18 | 21 | 25 | 28 | 30 | 14 | 14 | 15 | 16 | 19 | 22 | 25 | 28 | 14 | 14 | 15 | 15 | 17 | 19 | 22 | 25 |

## 浸水地区俯斜式挡土墙截面主要尺寸表

表 E.0.15-7

| 重力式俯斜路肩墙 | | | | | | | | | | | | | | | | | | | | | | |
|---|---|---|---|---|---|---|---|---|---|---|---|---|---|---|---|---|---|---|---|---|---|---|
| 设计资料 | | 地基承载力 $\sigma$ =250kPa、填土内摩擦角 35° | | | | | | | 地基承载力 $\sigma$ =500kPa、填土内摩擦角 35° | | | | | | | 地基承载力 $\sigma$ =500kPa、填土内摩擦角 40° | | | | | | |
| 墙高 $H$(m) | | 2 | 3 | 4 | 5 | 6 | 7 | 8 | 2 | 3 | 4 | 5 | 6 | 7 | 8 | 2 | 3 | 4 | 5 | 6 | 7 | 8 |
| 截面尺寸 | $B_1$(cm) | 60 | 65 | 75 | 80 | 95 | 105 | 115 | 60 | 65 | 75 | 80 | 95 | 105 | 115 | 60 | 60 | 60 | 70 | 75 | 85 | 90 |
| | $B_2$(cm) | 176 | 224 | 279 | 329 | 388 | 445 | 501 | 176 | 224 | 279 | 329 | 388 | 445 | 501 | 176 | 219 | 263 | 319 | 369 | 422 | 472 |
| | $h_n$(cm) | 68 | 72 | 78 | 83 | 89 | 95 | 100 | 68 | 72 | 78 | 83 | 89 | 95 | 100 | 68 | 72 | 76 | 82 | 87 | 92 | 98 |
| 设计资料 | | 地基承载力 $\sigma$ =500kPa、填土内摩擦角 45° | | | | | | | 地基承载力 $\sigma$ =800kPa、填土内摩擦角 40° | | | | | | | 地基承载力 $\sigma$ =800kPa、填土内摩擦角 45° | | | | | | |
| 墙高 $H$(m) | | 2 | 3 | 4 | 5 | 6 | 7 | 8 | 2 | 3 | 4 | 5 | 6 | 7 | 8 | 2 | 3 | 4 | 5 | 6 | 7 | 8 |
| 截面尺寸 | $B_1$(cm) | 60 | 60 | 60 | 60 | 60 | 60 | 60 | 60 | 60 | 60 | 70 | 75 | 85 | 90 | 60 | 60 | 60 | 60 | 60 | 60 | 60 |
| | $B_2$(cm) | 176 | 219 | 263 | 308 | 354 | 399 | 444 | 176 | 219 | 263 | 319 | 369 | 422 | 472 | 176 | 219 | 263 | 308 | 354 | 399 | 444 |
| | $h_n$(cm) | 68 | 72 | 76 | 81 | 85 | 90 | 94 | 68 | 72 | 76 | 82 | 87 | 93 | 98 | 68 | 72 | 76 | 81 | 85 | 90 | 94 |

## 地震地区仰斜式挡土墙截面主要尺寸表

表 E.0.15-8

| 重力式仰斜挡土墙，地震烈度 8 度（0.20$g$） | | | | | | | | | | | | | | | | | | | | |
|---|---|---|---|---|---|---|---|---|---|---|---|---|---|---|---|---|---|---|---|---|
| 设计资料 | | 地基承载力 $\sigma$ =250kPa、填土内摩擦角 35° | | | | | | | | | | | | | | | | | | |
| 墙高 $H$(m) | | 2 | 3 | 4 | 5 | 6 | 7 | 8 | 9 | 10 | 11 | 12 | 13 | 14 | 15 | 2 | | | | |
| 填土高 $h$(m) | | 0 | 0 | 0 | 0 | 0 | 0 | 0 | 0 | 0 | 0 | 0 | 0 | 0 | 0 | 1 | 2 | 3 | 4 | |
| 截面尺寸 | $B_1$(cm) | 60 | 60 | 60 | 65 | 80 | 95 | 110 | 120 | 135 | 150 | 160 | 175 | 190 | 205 | 60 | 85 | 105 | 110 | |
| | $B_2$(cm) | 106 | 121 | 135 | 154 | 183 | 212 | 241 | 265 | 294 | 323 | 347 | 376 | 405 | 434 | 106 | 130 | 148 | 152 | |
| | $k$ | 0.15 | 0.15 | 0.15 | 0.15 | 0.15 | 0.15 | 0.15 | 0.15 | 0.15 | 0.15 | 0.15 | 0.15 | 0.15 | 0.15 | 0.15 | 0.15 | 0.2 | 0.2 | |
| 墙高 $H$(m) | | 3 | | | | | | 4 | | | | | | 5 | | | | | | |
| 填土高 $h$(m) | | 1 | 2 | 3 | 4 | 5 | | 1 | 2 | 3 | 4 | 5 | | 1 | 2 | 3 | 4 | 5 | 6 | |
| 截面尺寸 | $B_1$(cm) | 80 | 110 | 120 | 145 | 190 | | 100 | 140 | 180 | 190 | 210 | | 120 | 145 | 150 | 185 | 225 | 270 | |
| | $B_2$(cm) | 140 | 169 | 176 | 200 | 243 | | 174 | 212 | 251 | 257 | 276 | | 207 | 231 | 233 | 267 | 305 | 348 | |
| | $k$ | 0.15 | 0.15 | 0.2 | 0.2 | 0.2 | | 0.15 | 0.15 | 0.15 | 0.2 | 0.2 | | 0.15 | 0.15 | 0.2 | 0.2 | 0.2 | 0.2 | |
| 墙高 $H$(m) | | 6 | | | | | | 7 | | | | | | | 8 | | | | | |
| 填土高 $h$(m) | | 1 | 2 | 3 | 4 | 5 | 6 | 1 | 2 | 3 | 4 | 5 | 6 | 7 | 1 | 2 | 3 | 4 | 5 | 6 |
| 截面尺寸 | $B_1$(cm) | 130 | 160 | 165 | 200 | 240 | 280 | 140 | 175 | 180 | 210 | 250 | 295 | 340 | 140 | 150 | 185 | 225 | 260 | 305 |
| | $B_2$(cm) | 231 | 260 | 262 | 295 | 333 | 371 | 255 | 289 | 291 | 319 | 357 | 400 | 443 | 270 | 276 | 310 | 348 | 381 | 424 |
| | $k$ | 0.15 | 0.15 | 0.2 | 0.2 | 0.2 | 0.2 | 0.15 | 0.15 | 0.2 | 0.2 | 0.2 | 0.2 | 0.2 | 0.15 | 0.2 | 0.2 | 0.2 | 0.2 | 0.2 |
| 设计资料 | | 地基承载力 $\sigma$ =250kPa、填土内摩擦角 40° | | | | | | | | | | | | | | | | | | |
| 墙高 $H$(m) | | 2 | 3 | 4 | 5 | 6 | 7 | 8 | 9 | 10 | 11 | 12 | 13 | 14 | 15 | | | | | |
| 填土高 $h$(m) | | 0 | 0 | 0 | 0 | 0 | 0 | 0 | 0 | 0 | 0 | 0 | 0 | 0 | 0 | | | | | |
| 截面尺寸 | $B_1$(cm) | 60 | 60 | 60 | 60 | 60 | 60 | 70 | 80 | 85 | 95 | 105 | 115 | 120 | 130 | | | | | |
| | $B_2$(cm) | 106 | 121 | 135 | 149 | 164 | 178 | 202 | 227 | 246 | 270 | 294 | 318 | 337 | 361 | | | | | |
| | $k$ | 0.15 | 0.15 | 0.15 | 0.15 | 0.15 | 0.15 | 0.15 | 0.15 | 0.15 | 0.15 | 0.15 | 0.15 | 0.15 | 0.15 | | | | | |

续上表

| 重力式仰斜挡土墙,地震烈度8度(0.20$g$) | | | | | | | | | | | | | | | | | | | | | | | | | |
|---|---|---|---|---|---|---|---|---|---|---|---|---|---|---|---|---|---|---|---|---|---|---|---|---|---|
| 设计资料 | | 地基承载力 $\sigma$ =250kPa、填土内摩擦角40° | | | | | | | | | | | | | | | | | | | | | | | |
| 墙高 $H$(m) | | 3 | | | | | | | | 4 | | | | | | | | 5 | | | | | | | |
| 填土高 $h$(m) | | 1 | 2 | 3 | 4 | 5 | 6 | 7 | 8 | 1 | 2 | 3 | 4 | 5 | 6 | 7 | 8 | 1 | 2 | 3 | 4 | 5 | 6 | 7 | 8 |
| 截面尺寸 | $B_1$(cm) | 60 | 60 | 75 | 80 | 80 | 80 | 80 | 80 | 60 | 80 | 100 | 115 | 130 | 135 | 140 | 140 | 70 | 100 | 120 | 145 | 160 | 175 | 190 | 175 |
| | $B_2$(cm) | 121 | 121 | 135 | 140 | 140 | 140 | 140 | 140 | 135 | 154 | 174 | 188 | 202 | 207 | 212 | 212 | 159 | 188 | 207 | 231 | 246 | 260 | 275 | 260 |
| | $k$ | 0.15 | 0.15 | 0.15 | 0.15 | 0.15 | 0.15 | 0.15 | 0.15 | 0.15 | 0.15 | 0.15 | 0.15 | 0.15 | 0.15 | 0.15 | 0.15 | 0.15 | 0.15 | 0.15 | 0.15 | 0.15 | 0.15 | 0.15 | 0.15 |
| 墙高 $H$(m) | | 6 | | | | | | | | 7 | | | | | | | | 8 | | | | | | | |
| 填土高 $h$(m) | | 1 | 2 | 3 | 4 | 5 | 6 | 7 | 8 | 1 | 2 | 3 | 4 | 5 | 6 | 7 | 8 | 1 | 2 | 3 | 4 | 5 | 6 | 7 | 8 |
| 截面尺寸 | $B_1$(cm) | 80 | 110 | 140 | 160 | 185 | 205 | 225 | 240 | 90 | 125 | 150 | 180 | 205 | 230 | 250 | 255 | 100 | 135 | 165 | 195 | 220 | 245 | 270 | 300 |
| | $B_2$(cm) | 183 | 212 | 241 | 260 | 284 | 304 | 323 | 337 | 207 | 241 | 265 | 294 | 318 | 342 | 361 | 366 | 231 | 265 | 294 | 323 | 347 | 371 | 395 | 424 |
| | $k$ | 0.15 | 0.15 | 0.15 | 0.15 | 0.15 | 0.15 | 0.15 | 0.15 | 0.15 | 0.15 | 0.15 | 0.15 | 0.15 | 0.15 | 0.15 | 0.15 | 0.15 | 0.15 | 0.15 | 0.15 | 0.15 | 0.15 | 0.15 | 0.15 |
| 设计资料 | | 地基承载力 $\sigma$ =250kPa、填土内摩擦角45° | | | | | | | | | | | | | | | | | | | | | | | |
| 墙高 $H$(m) | | 2 | 3 | 4 | 5 | 6 | 7 | 8 | 9 | 10 | 11 | 12 | 13 | 14 | 15 | | | 3 | | | | | | | |
| 填土高 $h$(m) | | 0 | 0 | 0 | 0 | 0 | 0 | 0 | 0 | 0 | 0 | 0 | 0 | 0 | 0 | | | 1 | 2 | 3 | 4 | 5 | 6 | 7 | 8 |
| 截面尺寸 | $B_1$(cm) | 60 | 60 | 60 | 60 | 60 | 60 | 60 | 60 | 60 | 60 | 60 | 60 | 60 | 60 | | | 60 | 60 | 60 | 60 | 60 | 60 | 60 | 60 |
| | $B_2$(cm) | 106 | 121 | 135 | 149 | 164 | 178 | 193 | 207 | 222 | 236 | 251 | 265 | 280 | 294 | | | 121 | 121 | 121 | 121 | 121 | 121 | 121 | 121 |
| | $k$ | 0.15 | 0.15 | 0.15 | 0.15 | 0.15 | 0.15 | 0.15 | 0.15 | 0.15 | 0.15 | 0.15 | 0.15 | 0.15 | 0.15 | | | 0.15 | 0.15 | 0.15 | 0.15 | 0.15 | 0.15 | 0.15 | 0.15 |
| 墙高 $H$(m) | | 4 | | | | | | | | 5 | | | | | | | | 6 | | | | | | | |
| 填土高 $h$(m) | | 1 | 2 | 3 | 4 | 5 | 6 | 7 | 8 | 1 | 2 | 3 | 4 | 5 | 6 | 7 | 8 | 1 | 2 | 3 | 4 | 5 | 6 | 7 | 8 |
| 截面尺寸 | $B_1$(cm) | 60 | 60 | 60 | 60 | 60 | 60 | 60 | 60 | 60 | 60 | 60 | 60 | 60 | 60 | 60 | 60 | 60 | 60 | 60 | 65 | 65 | 65 | 65 | 65 |
| | $B_2$(cm) | 135 | 135 | 135 | 135 | 135 | 135 | 135 | 135 | 149 | 149 | 149 | 149 | 149 | 149 | 149 | 149 | 164 | 164 | 164 | 169 | 169 | 169 | 169 | 169 |
| | $k$ | 0.15 | 0.15 | 0.15 | 0.15 | 0.15 | 0.15 | 0.15 | 0.15 | 0.15 | 0.15 | 0.15 | 0.15 | 0.15 | 0.15 | 0.15 | 0.15 | 0.15 | 0.15 | 0.15 | 0.15 | 0.15 | 0.15 | 0.15 | 0.15 |

续上表

| 重力式仰斜挡土墙，地震烈度 8 度(0.20g) | | | | | | | | | | | | | | | | | | | | | | | | | |
|---|---|---|---|---|---|---|---|---|---|---|---|---|---|---|---|---|---|---|---|---|---|---|---|---|---|
| 设计资料 | | 地基承载力 $\sigma$ =250kPa、填土内摩擦角 45° | | | | | | | | | | | | | | | | | | | | | | | |
| 墙高 $H$(m) | | 7 | | | | | | | | 8 | | | | | | | | 9 | | | | | | | |
| 填土高 $h$(m) | | 1 | 2 | 3 | 4 | 5 | 6 | 7 | 8 | 1 | 2 | 3 | 4 | 5 | 6 | 7 | 8 | 1 | 2 | 3 | 4 | 5 | 6 | 7 | 8 |
| 截面尺寸 | $B_1$(cm) | 60 | 60 | 70 | 80 | 80 | 80 | 85 | 85 | 60 | 70 | 80 | 90 | 100 | 100 | 100 | 100 | 60 | 75 | 85 | 100 | 105 | 110 | 115 | 105 |
| | $B_2$(cm) | 178 | 178 | 188 | 198 | 198 | 198 | 202 | 202 | 193 | 202 | 212 | 222 | 231 | 231 | 231 | 231 | 207 | 222 | 231 | 246 | 251 | 255 | 260 | 251 |
| | $k$ | 0.15 | 0.15 | 0.15 | 0.15 | 0.15 | 0.15 | 0.15 | 0.15 | 0.15 | 0.15 | 0.15 | 0.15 | 0.15 | 0.15 | 0.15 | 0.15 | 0.15 | 0.15 | 0.15 | 0.15 | 0.15 | 0.15 | 0.15 | 0.15 |
| 设计资料 | | 地基承载力 $\sigma$ =250kPa、填土内摩擦角 45° | | | | | | | | 地基承载力 $\sigma$ =500kPa、填土内摩擦角 35° | | | | | | | | | | | | | | | |
| 墙高 $H$(m) | | 10 | | | | | | | | 2 | 3 | 4 | 5 | 6 | 7 | 8 | 9 | 10 | 11 | 12 | 13 | 14 | 15 | | |
| 填土高 $h$(m) | | 1 | 2 | 3 | 4 | 5 | 6 | 7 | 8 | 0 | 0 | 0 | 0 | 0 | 0 | 0 | 0 | 0 | 0 | 0 | 0 | 0 | 0 | | |
| 截面尺寸 | $B_1$(cm) | 60 | 80 | 95 | 105 | 115 | 125 | 125 | 130 | 60 | 60 | 60 | 70 | 80 | 95 | 110 | 120 | 135 | 150 | 160 | 175 | 190 | 205 | | |
| | $B_2$(cm) | 222 | 241 | 255 | 265 | 275 | 284 | 284 | 289 | 106 | 121 | 135 | 159 | 183 | 212 | 241 | 265 | 294 | 323 | 347 | 376 | 405 | 434 | | |
| | $k$ | 0.15 | 0.15 | 0.15 | 0.15 | 0.15 | 0.15 | 0.15 | 0.15 | 0.15 | 0.15 | 0.15 | 0.15 | 0.15 | 0.15 | 0.15 | 0.15 | 0.15 | 0.15 | 0.15 | 0.15 | 0.15 | 0.15 | | |
| 设计资料 | | 地基承载力 $\sigma$ =500kPa、填土内摩擦角 35° | | | | | | | | | | | | | | | | | | | | | | | |
| 墙高 $H$(m) | | 2 | | | | | | | | 3 | | | | | | | | 4 | | | | | | | |
| 填土高 $h$(m) | | 1 | 2 | 3 | 4 | 5 | | | | 1 | 2 | 3 | 4 | 5 | 6 | | | 1 | 2 | 3 | 4 | 5 | 6 | 7 | 8 |
| 截面尺寸 | $B_1$(cm) | 60 | 60 | 65 | 85 | 110 | | | | 75 | 85 | 100 | 130 | 155 | 185 | | | 70 | 90 | 120 | 150 | 180 | 215 | 250 | 295 |
| | $B_2$(cm) | 106 | 106 | 110 | 129 | 152 | | | | 135 | 145 | 157 | 186 | 210 | 238 | | | 145 | 162 | 191 | 219 | 248 | 281 | 314 | 357 |
| | $k$ | 0.15 | 0.15 | 0.2 | 0.2 | 0.2 | | | | 0.15 | 0.15 | 0.2 | 0.2 | 0.2 | 0.2 | | | 0.15 | 0.2 | 0.2 | 0.2 | 0.2 | 0.2 | 0.2 | 0.2 |
| 墙高 $H$(m) | | 5 | | | | | | | | 6 | | | | | | | | 7 | | | | | | | |
| 填土高 $h$(m) | | 1 | 2 | 3 | 4 | 5 | 6 | 7 | 8 | 1 | 2 | 3 | 4 | 5 | 6 | 7 | 8 | 1 | 2 | 3 | 4 | 5 | 6 | 7 | 8 |
| 截面尺寸 | $B_1$(cm) | 85 | 105 | 135 | 170 | 200 | 235 | 270 | 300 | 95 | 130 | 150 | 180 | 215 | 250 | 285 | 325 | 105 | 130 | 160 | 195 | 230 | 265 | 300 | 335 |
| | $B_2$(cm) | 174 | 191 | 219 | 252 | 281 | 314 | 348 | 376 | 198 | 231 | 248 | 276 | 310 | 343 | 376 | 414 | 222 | 243 | 271 | 305 | 338 | 371 | 405 | 438 |
| | $k$ | 0.15 | 0.2 | 0.2 | 0.2 | 0.2 | 0.2 | 0.2 | 0.2 | 0.15 | 0.15 | 0.2 | 0.2 | 0.2 | 0.2 | 0.2 | 0.2 | 0.15 | 0.2 | 0.2 | 0.2 | 0.2 | 0.2 | 0.2 | 0.2 |

续上表

| 重力式仰斜挡土墙，地震烈度8度（0.20$g$） | | | | | | | | | | | | | | | | | | | | | | | | |
|---|---|---|---|---|---|---|---|---|---|---|---|---|---|---|---|---|---|---|---|---|---|---|---|---|
| 设计资料 | 地基承载力 $\sigma$ = 500kPa、填土内摩擦角 35° | | | | | | | | 地基承载力 $\sigma$ = 500kPa、填土内摩擦角 40° | | | | | | | | | | | | | | | |
| 墙高 $H$(m) | 8 | | | | | | | | 2 | 3 | 4 | 5 | 6 | 7 | 8 | 9 | 10 | 11 | 12 | 13 | 14 | 15 | | |
| 填土高 $h$(m) | 1 | 2 | 3 | 4 | 5 | 6 | 7 | 8 | 0 | 0 | 0 | 0 | 0 | 0 | 0 | 0 | 0 | 0 | 0 | 0 | 0 | 0 | | |
| 截面尺寸 $B_1$(cm) | 115 | 140 | 175 | 205 | 240 | 275 | 310 | 350 | 60 | 60 | 60 | 60 | 60 | 60 | 70 | 80 | 85 | 95 | 105 | 115 | 120 | 130 | | |
| 截面尺寸 $B_2$(cm) | 246 | 267 | 300 | 329 | 362 | 395 | 429 | 467 | 106 | 121 | 135 | 149 | 164 | 178 | 202 | 227 | 246 | 270 | 294 | 318 | 337 | 361 | | |
| 截面尺寸 $k$ | 0.15 | 0.2 | 0.2 | 0.2 | 0.2 | 0.2 | 0.2 | 0.2 | 0.15 | 0.15 | 0.15 | 0.15 | 0.15 | 0.15 | 0.15 | 0.15 | 0.15 | 0.15 | 0.15 | 0.15 | 0.15 | 0.15 | | |
| 设计资料 | 地基承载力 $\sigma$ = 500kPa、填土内摩擦角 40° | | | | | | | | | | | | | | | | | | | | | | | |
| 墙高 $H$(m) | 3 | | | | | | | | 4 | | | | | | | | 5 | | | | | | | |
| 填土高 $h$(m) | 1 | 2 | 3 | 4 | 5 | 6 | 7 | 8 | 1 | 2 | 3 | 4 | 5 | 6 | 7 | 8 | 1 | 2 | 3 | 4 | 5 | 6 | 7 | 8 |
| 截面尺寸 $B_1$(cm) | 60 | 60 | 75 | 80 | 80 | 80 | 80 | 80 | 60 | 80 | 100 | 120 | 130 | 135 | 140 | 140 | 70 | 100 | 120 | 145 | 160 | 175 | 190 | 195 |
| 截面尺寸 $B_2$(cm) | 121 | 121 | 135 | 140 | 140 | 140 | 140 | 140 | 135 | 154 | 174 | 193 | 202 | 207 | 212 | 212 | 159 | 188 | 207 | 231 | 246 | 260 | 275 | 280 |
| 截面尺寸 $k$ | 0.15 | 0.15 | 0.15 | 0.15 | 0.15 | 0.15 | 0.15 | 0.15 | 0.15 | 0.15 | 0.15 | 0.15 | 0.15 | 0.15 | 0.15 | 0.15 | 0.15 | 0.15 | 0.15 | 0.15 | 0.15 | 0.15 | 0.15 | 0.15 |
| 墙高 $H$(m) | 6 | | | | | | | | 7 | | | | | | | | 8 | | | | | | | |
| 填土高 $h$(m) | 1 | 2 | 3 | 4 | 5 | 6 | 7 | 8 | 1 | 2 | 3 | 4 | 5 | 6 | 7 | 8 | 1 | 2 | 3 | 4 | 5 | 6 | 7 | 8 |
| 截面尺寸 $B_1$(cm) | 80 | 110 | 140 | 160 | 185 | 205 | 225 | 240 | 90 | 125 | 150 | 180 | 205 | 230 | 250 | 270 | 100 | 135 | 165 | 195 | 220 | 245 | 270 | 295 |
| 截面尺寸 $B_2$(cm) | 183 | 212 | 241 | 260 | 284 | 304 | 323 | 337 | 207 | 241 | 265 | 294 | 318 | 342 | 361 | 381 | 231 | 265 | 294 | 323 | 347 | 371 | 395 | 419 |
| 截面尺寸 $k$ | 0.15 | 0.15 | 0.15 | 0.15 | 0.15 | 0.15 | 0.15 | 0.15 | 0.15 | 0.15 | 0.15 | 0.15 | 0.15 | 0.15 | 0.15 | 0.15 | 0.15 | 0.15 | 0.15 | 0.15 | 0.15 | 0.15 | 0.15 | 0.15 |
| 设计资料 | 地基承载力 $\sigma$ = 500kPa、填土内摩擦角 45° | | | | | | | | | | | | | | | | | | | | | | | |
| 墙高 $H$(m) | 2 | 3 | 4 | 5 | 6 | 7 | 8 | 9 | 10 | 11 | 12 | 13 | 14 | 15 | | | 3 | | | | | | | |
| 填土高 $h$(m) | 0 | 0 | 0 | 0 | 0 | 0 | 0 | 0 | 0 | 0 | 0 | 0 | 0 | 0 | | | 1 | 2 | 3 | 4 | 5 | 6 | 7 | 8 |
| 截面尺寸 $B_1$(cm) | 60 | 60 | 60 | 60 | 60 | 60 | 60 | 60 | 60 | 60 | 60 | 60 | 60 | 60 | | | 60 | 60 | 60 | 60 | 60 | 60 | 60 | 60 |
| 截面尺寸 $B_2$(cm) | 106 | 121 | 135 | 149 | 164 | 178 | 193 | 207 | 222 | 236 | 251 | 265 | 280 | 294 | | | 121 | 121 | 121 | 121 | 121 | 121 | 121 | 121 |
| 截面尺寸 $k$ | 0.15 | 0.15 | 0.15 | 0.15 | 0.15 | 0.15 | 0.15 | 0.15 | 0.15 | 0.15 | 0.15 | 0.15 | 0.15 | 0.15 | | | 0.15 | 0.15 | 0.15 | 0.15 | 0.15 | 0.15 | 0.15 | 0.15 |

续上表

| 重力式仰斜挡土墙，地震烈度8度（0.20$g$） | | | | | | | | | | | | | | | | | | | | | | | | | |
|---|---|---|---|---|---|---|---|---|---|---|---|---|---|---|---|---|---|---|---|---|---|---|---|---|---|
| 设计资料 | | 地基承载力 $\sigma$=500kPa、填土内摩擦角45° | | | | | | | | | | | | | | | | | | | | | | | |
| 墙高 $H$(m) | | 4 | | | | | | | | 5 | | | | | | | | 6 | | | | | | | |
| 填土高 $h$(m) | | 1 | 2 | 3 | 4 | 5 | 6 | 7 | 8 | 1 | 2 | 3 | 4 | 5 | 6 | 7 | 8 | 1 | 2 | 3 | 4 | 5 | 6 | 7 | 8 |
| 截面尺寸 | $B_1$(cm) | 60 | 60 | 60 | 60 | 60 | 60 | 60 | 60 | 60 | 60 | 60 | 60 | 60 | 60 | 60 | 60 | 60 | 60 | 60 | 65 | 65 | 65 | 65 | 65 |
| | $B_2$(cm) | 135 | 135 | 135 | 135 | 135 | 135 | 135 | 135 | 149 | 149 | 149 | 149 | 149 | 149 | 149 | 149 | 164 | 164 | 164 | 169 | 169 | 169 | 169 | 169 |
| | $k$ | 0.15 | 0.15 | 0.15 | 0.15 | 0.15 | 0.15 | 0.15 | 0.15 | 0.15 | 0.15 | 0.15 | 0.15 | 0.15 | 0.15 | 0.15 | 0.15 | 0.15 | 0.15 | 0.15 | 0.15 | 0.15 | 0.15 | 0.15 | 0.15 |
| 墙高 $H$(m) | | 7 | | | | | | | | 8 | | | | | | | | 9 | | | | | | | |
| 填土高 $h$(m) | | 1 | 2 | 3 | 4 | 5 | 6 | 7 | 8 | 1 | 2 | 3 | 4 | 5 | 6 | 7 | 8 | 1 | 2 | 3 | 4 | 5 | 6 | 7 | 8 |
| 截面尺寸 | $B_1$(cm) | 60 | 60 | 70 | 80 | 80 | 80 | 80 | 80 | 60 | 70 | 80 | 90 | 95 | 95 | 95 | 95 | 60 | 75 | 85 | 100 | 105 | 110 | 115 | 115 |
| | $B_2$(cm) | 178 | 178 | 188 | 198 | 198 | 198 | 198 | 198 | 193 | 202 | 212 | 222 | 227 | 227 | 227 | 227 | 207 | 222 | 231 | 246 | 251 | 255 | 260 | 260 |
| | $k$ | 0.15 | 0.15 | 0.15 | 0.15 | 0.15 | 0.15 | 0.15 | 0.15 | 0.15 | 0.15 | 0.15 | 0.15 | 0.15 | 0.15 | 0.15 | 0.15 | 0.15 | 0.15 | 0.15 | 0.15 | 0.15 | 0.15 | 0.15 | 0.15 |
| 设计资料 | | 地基承载力 $\sigma$=500kPa、填土内摩擦角45° | | | | | | | | 地基承载力 $\sigma$=800kPa、填土内摩擦角35° | | | | | | | | | | | | | | | |
| 墙高 $H$(m) | | 10 | | | | | | | | 2 | 3 | 4 | 5 | 6 | 7 | 8 | 9 | 10 | 11 | 12 | 13 | 14 | 15 | | |
| 填土高 $h$(m) | | 1 | 2 | 3 | 4 | 5 | 6 | 7 | 8 | 0 | 0 | 0 | 0 | 0 | 0 | 0 | 0 | 0 | 0 | 0 | 0 | 0 | 0 | | |
| 截面尺寸 | $B_1$(cm) | 60 | 80 | 95 | 105 | 115 | 125 | 125 | 130 | 60 | 60 | 60 | 65 | 80 | 95 | 110 | 120 | 135 | 150 | 160 | 175 | 190 | 145 | | |
| | $B_2$(cm) | 222 | 241 | 255 | 265 | 275 | 284 | 284 | 289 | 106 | 121 | 135 | 154 | 183 | 212 | 241 | 265 | 294 | 323 | 347 | 376 | 405 | 376 | | |
| | $k$ | 0.15 | 0.15 | 0.15 | 0.15 | 0.15 | 0.15 | 0.15 | 0.15 | 0.15 | 0.15 | 0.15 | 0.15 | 0.15 | 0.15 | 0.15 | 0.15 | 0.15 | 0.15 | 0.15 | 0.15 | 0.15 | 0.15 | | |
| 设计资料 | | 地基承载力 $\sigma$=800kPa、填土内摩擦角35° | | | | | | | | | | | | | | | | | | | | | | | |
| 墙高 $H$(m) | | 3 | | | | | | | | 4 | | | | | | | | 5 | | | | | | | |
| 填土高 $h$(m) | | 1 | 2 | 3 | 4 | 5 | 6 | 7 | | 1 | 2 | 3 | 4 | 5 | 6 | 7 | 8 | 1 | 2 | 3 | 4 | 5 | 6 | 7 | 8 |
| 截面尺寸 | $B_1$(cm) | 60 | 75 | 100 | 125 | 150 | 180 | 220 | | 65 | 90 | 120 | 150 | 180 | 210 | 250 | 290 | 75 | 105 | 135 | 165 | 195 | 230 | 265 | 305 |
| | $B_2$(cm) | 121 | 135 | 159 | 183 | 207 | 236 | 275 | | 140 | 164 | 193 | 222 | 251 | 280 | 318 | 357 | 164 | 193 | 222 | 251 | 280 | 313 | 347 | 386 |
| | $k$ | 0.15 | 0.15 | 0.15 | 0.15 | 0.15 | 0.15 | 0.15 | | 0.15 | 0.15 | 0.15 | 0.15 | 0.15 | 0.15 | 0.15 | 0.15 | 0.15 | 0.15 | 0.15 | 0.15 | 0.15 | 0.15 | 0.15 | 0.15 |

续上表

| 重力式仰斜挡土墙，地震烈度8度(0.20$g$) | | | | | | | | | | | | | | | | | | | | | | | | | |
|---|---|---|---|---|---|---|---|---|---|---|---|---|---|---|---|---|---|---|---|---|---|---|---|---|---|
| 设计资料 | | 地基承载力 $\sigma$=800kPa、填土内摩擦角35° | | | | | | | | | | | | | | | | | | | | | | | |
| 墙高 $H$(m) | | 6 | | | | | | | | 7 | | | | | | | | 8 | | | | | | | |
| 填土高 $h$(m) | | 1 | 2 | 3 | 4 | 5 | 6 | 7 | 8 | 1 | 2 | 3 | 4 | 5 | 6 | 7 | 8 | 1 | 2 | 3 | 4 | 5 | 6 | 7 | 8 |
| 截面尺寸 | $B_1$(cm) | 85 | 115 | 150 | 180 | 215 | 245 | 280 | 320 | 95 | 130 | 160 | 195 | 225 | 260 | 295 | 335 | 105 | 140 | 170 | 205 | 240 | 275 | 310 | 345 |
| | $B_2$(cm) | 188 | 217 | 251 | 280 | 313 | 342 | 376 | 415 | 212 | 246 | 275 | 308 | 337 | 371 | 405 | 443 | 236 | 270 | 299 | 333 | 366 | 400 | 434 | 468 |
| | $k$ | 0.15 | 0.15 | 0.15 | 0.15 | 0.15 | 0.15 | 0.15 | 0.15 | 0.15 | 0.15 | 0.15 | 0.15 | 0.15 | 0.15 | 0.15 | 0.15 | 0.15 | 0.15 | 0.15 | 0.15 | 0.15 | 0.15 | 0.15 | 0.15 |
| 设计资料 | | 地基承载力 $\sigma$=800kPa、填土内摩擦角40° | | | | | | | | | | | | | | | | | | | | | | | |
| 墙高 $H$(m) | | 2 | 3 | 4 | 5 | 6 | 7 | 8 | 9 | 10 | 11 | 12 | 13 | 14 | 15 | | | 3 | | | | | | | |
| 填土高 $h$(m) | | 0 | 0 | 0 | 0 | 0 | 0 | 0 | 0 | 0 | 0 | 0 | 0 | 0 | 0 | | | 1 | 2 | 3 | 4 | 5 | 6 | 7 | 8 |
| 截面尺寸 | $B_1$(cm) | 60 | 60 | 60 | 60 | 60 | 60 | 70 | 80 | 85 | 95 | 105 | 115 | 120 | 130 | | | 60 | 60 | 75 | 80 | 80 | 80 | 80 | 80 |
| | $B_2$(cm) | 106 | 121 | 135 | 149 | 164 | 178 | 202 | 227 | 246 | 270 | 294 | 318 | 337 | 361 | | | 121 | 121 | 135 | 140 | 140 | 140 | 140 | 140 |
| | $k$ | 0.15 | 0.15 | 0.15 | 0.15 | 0.15 | 0.15 | 0.15 | 0.15 | 0.15 | 0.15 | 0.15 | 0.15 | 0.15 | 0.15 | | | 0.15 | 0.15 | 0.15 | 0.15 | 0.15 | 0.15 | 0.15 | 0.15 |
| 墙高 $H$(m) | | 4 | | | | | | | | 5 | | | | | | | | 6 | | | | | | | |
| 填土高 $h$(m) | | 1 | 2 | 3 | 4 | 5 | 6 | 7 | 8 | 1 | 2 | 3 | 4 | 5 | 6 | 7 | 8 | 1 | 2 | 3 | 4 | 5 | 6 | 7 | 8 |
| 截面尺寸 | $B_1$(cm) | 60 | 80 | 100 | 115 | 130 | 135 | 140 | 140 | 70 | 100 | 120 | 145 | 160 | 175 | 190 | 175 | 80 | 110 | 140 | 160 | 185 | 205 | 225 | 225 |
| | $B_2$(cm) | 135 | 154 | 174 | 188 | 202 | 207 | 212 | 212 | 159 | 188 | 207 | 231 | 246 | 260 | 275 | 260 | 183 | 212 | 241 | 260 | 284 | 304 | 323 | 323 |
| | $k$ | 0.15 | 0.15 | 0.15 | 0.15 | 0.15 | 0.15 | 0.15 | 0.15 | 0.15 | 0.15 | 0.15 | 0.15 | 0.15 | 0.15 | 0.15 | 0.15 | 0.15 | 0.15 | 0.15 | 0.15 | 0.15 | 0.15 | 0.15 | 0.15 |
| 设计资料 | | 地基承载力 $\sigma$=800kPa、填土内摩擦角40° | | | | | | | | | | | | | | | | | | | | | | | |
| 墙高 $H$(m) | | 7 | | | | | | | | 8 | | | | | | | | | | | | | | | |
| 填土高 $h$(m) | | 1 | 2 | 3 | 4 | 5 | 6 | 7 | 8 | 1 | 2 | 3 | 4 | 5 | 6 | 7 | 8 | | | | | | | | |
| 截面尺寸 | $B_1$(cm) | 90 | 125 | 150 | 180 | 205 | 230 | 250 | 270 | 100 | 135 | 165 | 195 | 220 | 245 | 270 | 295 | | | | | | | | |
| | $B_2$(cm) | 207 | 241 | 265 | 294 | 318 | 342 | 361 | 381 | 231 | 265 | 294 | 323 | 347 | 371 | 395 | 419 | | | | | | | | |
| | $k$ | 0.15 | 0.15 | 0.15 | 0.15 | 0.15 | 0.15 | 0.15 | 0.15 | 0.15 | 0.15 | 0.15 | 0.15 | 0.15 | 0.15 | 0.15 | 0.15 | | | | | | | | |
| 设计资料 | | 地基承载力 $\sigma$=800kPa、填土内摩擦角45° | | | | | | | | | | | | | | | | | | | | | | | |
| 墙高 $H$(m) | | 2 | 3 | 4 | 5 | 6 | 7 | 8 | 9 | 10 | 11 | 12 | 13 | 14 | 15 | | | 3 | | | | | | | |
| 填土高 $h$(m) | | 0 | 0 | 0 | 0 | 0 | 0 | 0 | 0 | 0 | 0 | 0 | 0 | 0 | 0 | | | 1 | 2 | 3 | 4 | 5 | 6 | 7 | 8 |
| 截面尺寸 | $B_1$(cm) | 60 | 60 | 60 | 60 | 60 | 60 | 60 | 60 | 60 | 60 | 60 | 60 | 60 | 60 | | | 60 | 60 | 60 | 60 | 60 | 60 | 60 | 60 |
| | $B_2$(cm) | 106 | 121 | 135 | 149 | 164 | 178 | 193 | 207 | 222 | 236 | 251 | 265 | 280 | 294 | | | 121 | 121 | 121 | 121 | 121 | 121 | 121 | 121 |
| | $k$ | 0.15 | 0.15 | 0.15 | 0.15 | 0.15 | 0.15 | 0.15 | 0.15 | 0.15 | 0.15 | 0.15 | 0.15 | 0.15 | 0.15 | | | 0.15 | 0.15 | 0.15 | 0.15 | 0.15 | 0.15 | 0.15 | 0.15 |

续上表

| | | | | | | | | | | | | | | | | | | | | | | | | | | |
|---|---|---|---|---|---|---|---|---|---|---|---|---|---|---|---|---|---|---|---|---|---|---|---|---|---|---|
| 重力式仰斜挡土墙，地震烈度 8 度（0.20$g$） | | | | | | | | | | | | | | | | | | | | | | | | | | |
| 设计资料 | | 地基承载力 $\sigma$ =800kPa、填土内摩擦角 45° | | | | | | | | | | | | | | | | | | | | | | | | |
| 墙高 $H$(m) | | 4 | | | | | | | | 5 | | | | | | | | 6 | | | | | | | | |
| 填土高 $h$(m) | | 1 | 2 | 3 | 4 | 5 | 6 | 7 | 8 | 1 | 2 | 3 | 4 | 5 | 6 | 7 | 8 | 1 | 2 | 3 | 4 | 5 | 6 | 7 | 8 | |
| 截面尺寸 | $B_1$(cm) | 60 | 60 | 60 | 60 | 60 | 60 | 60 | 60 | 60 | 60 | 60 | 60 | 60 | 60 | 60 | 60 | 60 | 60 | 60 | 65 | 65 | 65 | 65 | 65 | |
| | $B_2$(cm) | 135 | 135 | 135 | 135 | 135 | 135 | 135 | 135 | 149 | 149 | 149 | 149 | 149 | 149 | 149 | 149 | 164 | 164 | 164 | 169 | 169 | 169 | 169 | 169 | |
| | $k$ | 0.15 | 0.15 | 0.15 | 0.15 | 0.15 | 0.15 | 0.15 | 0.15 | 0.15 | 0.15 | 0.15 | 0.15 | 0.15 | 0.15 | 0.15 | 0.15 | 0.15 | 0.15 | 0.15 | 0.15 | 0.15 | 0.15 | 0.15 | 0.15 | |
| 墙高 $H$(m) | | 7 | | | | | | | | 8 | | | | | | | | 9 | | | | | | | | |
| 填土高 $h$(m) | | 1 | 2 | 3 | 4 | 5 | 6 | 7 | 8 | 1 | 2 | 3 | 4 | 5 | 6 | 7 | 8 | 1 | 2 | 3 | 4 | 5 | 6 | 7 | 8 | |
| 截面尺寸 | $B_1$(cm) | 60 | 60 | 70 | 80 | 80 | 80 | 80 | 80 | 60 | 65 | 80 | 90 | 95 | 95 | 95 | 95 | 60 | 75 | 85 | 100 | 105 | 110 | 115 | 105 | |
| | $B_2$(cm) | 178 | 178 | 188 | 198 | 198 | 198 | 198 | 198 | 193 | 198 | 212 | 222 | 227 | 227 | 227 | 227 | 207 | 222 | 231 | 246 | 251 | 255 | 260 | 251 | |
| | $k$ | 0.15 | 0.15 | 0.15 | 0.15 | 0.15 | 0.15 | 0.15 | 0.15 | 0.15 | 0.15 | 0.15 | 0.15 | 0.15 | 0.15 | 0.15 | 0.15 | 0.15 | 0.15 | 0.15 | 0.15 | 0.15 | 0.15 | 0.15 | 0.15 | |
| 重力式仰斜挡土墙、地震烈度 8 度（0.20$g$） | | | | | | | | | | 重力式仰斜挡土墙、地震烈度 8 度（0.30$g$） | | | | | | | | | | | | | | | | |
| 设计资料 | | 地基承载力 $\sigma$ =800kPa、填土内摩擦角 45° | | | | | | | | 地基承载力 $\sigma$ =250kPa、填土内摩擦角 35° | | | | | | | | | | | | | | | | |
| 墙高 $H$(m) | | 10 | | | | | | | | 2 | 3 | 4 | 5 | 6 | 7 | 8 | 9 | 10 | 11 | 12 | 13 | 14 | 15 | 2 | | |
| 填土高 $h$(m) | | 1 | 2 | 3 | 4 | 5 | 6 | 7 | 8 | 0 | 0 | 0 | 0 | 0 | 0 | 0 | 0 | 0 | 0 | 0 | 0 | 0 | 0 | 1 | 2 | 3 |
| 截面尺寸 | $B_1$(cm) | 60 | 80 | 95 | 105 | 115 | 125 | 125 | 130 | 60 | 60 | 65 | 85 | 100 | 120 | 135 | 150 | 170 | 185 | 205 | 220 | 240 | 255 | 70 | 120 | 120 |
| | $B_2$(cm) | 222 | 241 | 255 | 265 | 275 | 284 | 284 | 289 | 106 | 121 | 140 | 174 | 202 | 236 | 265 | 294 | 328 | 357 | 390 | 419 | 453 | 482 | 116 | 164 | 162 |
| | $k$ | 0.15 | 0.15 | 0.15 | 0.15 | 0.15 | 0.15 | 0.15 | 0.15 | 0.15 | 0.15 | 0.15 | 0.15 | 0.15 | 0.15 | 0.15 | 0.15 | 0.15 | 0.15 | 0.15 | 0.15 | 0.15 | 0.15 | 0.15 | 0.15 | 0.2 |
| 重力式仰斜挡土墙，地震烈度 8 度（0.30$g$） | | | | | | | | | | | | | | | | | | | | | | | | | | |
| 设计资料 | | 地基承载力 $\sigma$ =250kPa、填土内摩擦角 35° | | | | | | | | | | | | | | | | | | | | | | | | |
| 墙高 $H$(m) | | 3 | | | 4 | | | 5 | | | | 6 | | | | 7 | | | | | 8 | | | | | |
| 填土高 $h$(m) | | 1 | 2 | 3 | 1 | 2 | 3 | 1 | 2 | 3 | 4 | 1 | 2 | 3 | 4 | 1 | 2 | 3 | 4 | 5 | 1 | 2 | 3 | 4 | 5 | 6 |
| 截面尺寸 | $B_1$(cm) | 100 | 105 | 150 | 120 | 170 | 170 | 140 | 140 | 185 | 240 | 160 | 160 | 200 | 255 | 160 | 170 | 215 | 265 | 325 | 175 | 180 | 230 | 280 | 335 | 400 |
| | $B_2$(cm) | 159 | 162 | 205 | 193 | 241 | 238 | 227 | 224 | 267 | 319 | 260 | 260 | 295 | 348 | 275 | 281 | 324 | 371 | 429 | 304 | 305 | 352 | 400 | 452 | 514 |
| | $k$ | 0.15 | 0.2 | 0.2 | 0.15 | 0.15 | 0.2 | 0.15 | 0.2 | 0.2 | 0.2 | 0.15 | 0.15 | 0.2 | 0.2 | 0.15 | 0.2 | 0.2 | 0.2 | 0.2 | 0.15 | 0.2 | 0.2 | 0.2 | 0.2 | 0.2 |

续上表

| 重力式仰斜挡土墙，地震烈度8度(0.30$g$) | | | | | | | | | | | | | | | | | | | | | | | | | |
|---|---|---|---|---|---|---|---|---|---|---|---|---|---|---|---|---|---|---|---|---|---|---|---|---|---|
| 设计资料 | | 地基承载力 $\sigma$ = 250kPa、填土内摩擦角 40° | | | | | | | | | | | | | | | | | | | | | | | |
| 墙高 $H$(m) | | 2 | 3 | 4 | 5 | 6 | 7 | 8 | 9 | 10 | 11 | 12 | 13 | 14 | 15 | 3 | | | | | | | | | |
| 填土高 $h$(m) | | 0 | 0 | 0 | 0 | 0 | 0 | 0 | 0 | 0 | 0 | 0 | 0 | 0 | 0 | 1 | 2 | 3 | 4 | 5 | 6 | 7 | 8 | | |
| 截面尺寸 | $B_1$(cm) | 60 | 60 | 60 | 60 | 65 | 80 | 90 | 100 | 110 | 125 | 135 | 145 | 160 | 170 | 60 | 85 | 105 | 125 | 140 | 140 | 140 | 140 | | |
| | $B_2$(cm) | 106 | 121 | 135 | 149 | 169 | 198 | 222 | 246 | 270 | 299 | 323 | 347 | 376 | 400 | 121 | 145 | 164 | 183 | 198 | 198 | 198 | 198 | | |
| | $k$ | 0.15 | 0.15 | 0.15 | 0.15 | 0.15 | 0.15 | 0.15 | 0.15 | 0.15 | 0.15 | 0.15 | 0.15 | 0.15 | 0.15 | 0.15 | 0.15 | 0.15 | 0.15 | 0.15 | 0.15 | 0.15 | 0.15 | | |
| 墙高 $H$(m) | | 4 | | | | | 5 | | | | | 6 | | | | | 7 | | | | | | | | |
| 填土高 $h$(m) | | 1 | 2 | 3 | 4 | 5 | 1 | 2 | 3 | 4 | 5 | 1 | 2 | 3 | 4 | 5 | 1 | 2 | 3 | 4 | 5 | 6 | | | |
| 截面尺寸 | $B_1$(cm) | 75 | 110 | 140 | 170 | 200 | 90 | 130 | 165 | 200 | 240 | 105 | 145 | 185 | 220 | 265 | 120 | 160 | 200 | 240 | 280 | 325 | | | |
| | $B_2$(cm) | 149 | 183 | 212 | 241 | 270 | 178 | 217 | 251 | 284 | 323 | 207 | 246 | 284 | 318 | 361 | 236 | 275 | 313 | 352 | 390 | 434 | | | |
| | $k$ | 0.15 | 0.15 | 0.15 | 0.15 | 0.15 | 0.15 | 0.15 | 0.15 | 0.15 | 0.15 | 0.15 | 0.15 | 0.15 | 0.15 | 0.15 | 0.15 | 0.15 | 0.15 | 0.15 | 0.15 | 0.15 | | | |
| 设计资料 | | 地基承载力 $\sigma$ = 250kPa、填土内摩擦角 40° | | | | | | | 地基承载力 $\sigma$ = 250kPa、填土内摩擦角 45° | | | | | | | | | | | | | | | | |
| 墙高 $H$(m) | | 8 | | | | | | | 2 | 3 | 4 | 5 | 6 | 7 | 8 | 9 | 10 | 11 | 12 | 13 | 14 | 15 | | | |
| 填土高 $h$(m) | | 1 | 2 | 3 | 4 | 5 | 6 | 7 | 0 | 0 | 0 | 0 | 0 | 0 | 0 | 0 | 0 | 0 | 0 | 0 | 0 | 0 | | | |
| 截面尺寸 | $B_1$(cm) | 130 | 170 | 215 | 255 | 300 | 345 | 400 | 60 | 60 | 60 | 60 | 60 | 60 | 60 | 60 | 60 | 65 | 70 | 75 | 80 | 85 | | | |
| | $B_2$(cm) | 260 | 299 | 342 | 381 | 424 | 468 | 521 | 106 | 121 | 135 | 149 | 164 | 178 | 193 | 207 | 222 | 241 | 260 | 280 | 299 | 318 | | | |
| | $k$ | 0.15 | 0.15 | 0.15 | 0.15 | 0.15 | 0.15 | 0.15 | 0.15 | 0.15 | 0.15 | 0.15 | 0.15 | 0.15 | 0.15 | 0.15 | 0.15 | 0.15 | 0.15 | 0.15 | 0.15 | 0.15 | | | |
| 设计资料 | | 地基承载力 $\sigma$ = 250kPa、填土内摩擦角 45° | | | | | | | | | | | | | | | | | | | | | | | |
| 墙高 $H$(m) | | 3 | | | | | | | | 4 | | | | | | | | 5 | | | | | | | |
| 填土高 $h$(m) | | 1 | 2 | 3 | 4 | 5 | 6 | 7 | 8 | 1 | 2 | 3 | 4 | 5 | 6 | 7 | 8 | 1 | 2 | 3 | 4 | 5 | 6 | 7 | 8 |
| 截面尺寸 | $B_1$(cm) | 60 | 60 | 60 | 60 | 60 | 60 | 60 | 60 | 60 | 60 | 60 | 60 | 60 | 60 | 60 | 60 | 60 | 60 | 70 | 75 | 75 | 75 | 75 | 75 |
| | $B_2$(cm) | 121 | 121 | 121 | 121 | 121 | 121 | 121 | 121 | 135 | 135 | 135 | 135 | 135 | 135 | 135 | 135 | 149 | 149 | 159 | 164 | 164 | 164 | 164 | 164 |
| | $k$ | 0.15 | 0.15 | 0.15 | 0.15 | 0.15 | 0.15 | 0.15 | 0.15 | 0.15 | 0.15 | 0.15 | 0.15 | 0.15 | 0.15 | 0.15 | 0.15 | 0.15 | 0.15 | 0.15 | 0.15 | 0.15 | 0.15 | 0.15 | 0.15 |

续上表

| 重力式仰斜挡土墙，地震烈度 8 度（0.30$g$） | | | | | | | | | | | | | | | | | | | | | | | | | | |
|---|---|---|---|---|---|---|---|---|---|---|---|---|---|---|---|---|---|---|---|---|---|---|---|---|---|---|
| 设计资料 | | 地基承载力 $\sigma$ = 250kPa、填土内摩擦角 45° | | | | | | | | | | | | | | | | | | | | | | | | |
| 墙高 $H$（m） | | 6 | | | | | | | | 7 | | | | | | | | 8 | | | | | | | | |
| 填土高 $h$（m） | | 1 | 2 | 3 | 4 | 5 | 6 | 7 | 8 | 1 | 2 | 3 | 4 | 5 | 6 | 7 | 8 | 1 | 2 | 3 | 4 | 5 | 6 | 7 | 8 | |
| 截面尺寸 | $B_1$（cm） | 60 | 75 | 85 | 95 | 95 | 95 | 95 | 95 | 65 | 85 | 100 | 110 | 115 | 115 | 115 | 115 | 70 | 90 | 110 | 120 | 130 | 135 | 140 | 140 | |
| | $B_2$（cm） | 164 | 178 | 188 | 198 | 198 | 198 | 198 | 198 | 183 | 202 | 217 | 227 | 231 | 231 | 231 | 231 | 202 | 222 | 241 | 251 | 260 | 265 | 270 | 270 | |
| | $k$ | 0.15 | 0.15 | 0.15 | 0.15 | 0.15 | 0.15 | 0.15 | 0.15 | 0.15 | 0.15 | 0.15 | 0.15 | 0.15 | 0.15 | 0.15 | 0.15 | 0.15 | 0.15 | 0.15 | 0.15 | 0.15 | 0.15 | 0.15 | 0.15 | |
| 墙高 $H$（m） | | 9 | | | | | | | | 10 | | | | | | | | | | | | | | | | |
| 填土高 $h$（m） | | 1 | 2 | 3 | 4 | 5 | 6 | 7 | 8 | 1 | 2 | 3 | 4 | 5 | 6 | 7 | 8 | | | | | | | | | |
| 截面尺寸 | $B_1$（cm） | 75 | 100 | 120 | 135 | 145 | 155 | 160 | 160 | 85 | 105 | 125 | 145 | 160 | 170 | 175 | 130 | | | | | | | | | |
| | $B_2$（cm） | 222 | 246 | 265 | 280 | 289 | 299 | 304 | 304 | 246 | 265 | 284 | 304 | 318 | 328 | 333 | 289 | | | | | | | | | |
| | $k$ | 0.15 | 0.15 | 0.15 | 0.15 | 0.15 | 0.15 | 0.15 | 0.15 | 0.15 | 0.15 | 0.15 | 0.15 | 0.15 | 0.15 | 0.15 | 0.15 | | | | | | | | | |
| 设计资料 | | 地基承载力 $\sigma$ = 500kPa、填土内摩擦角 35° | | | | | | | | | | | | | | | | | | | | | | | | |
| 墙高 $H$（m） | | 2 | 3 | 4 | 5 | 6 | 7 | 8 | 9 | 10 | 11 | 12 | 13 | 14 | 15 | 2 | | | | 3 | | | 4 | | | |
| 填土高 $h$（m） | | 0 | 0 | 0 | 0 | 0 | 0 | 0 | 0 | 0 | 0 | 0 | 0 | 0 | 0 | 1 | 2 | 3 | 4 | 1 | 2 | 3 | 1 | 2 | 3 | 4 |
| 截面尺寸 | $B_1$（cm） | 60 | 60 | 65 | 85 | 100 | 120 | 135 | 150 | 170 | 185 | 205 | 220 | 235 | 255 | 70 | 80 | 90 | 125 | 100 | 110 | 130 | 90 | 115 | 150 | 190 |
| | $B_2$（cm） | 106 | 121 | 140 | 174 | 202 | 236 | 265 | 294 | 328 | 357 | 390 | 419 | 448 | 482 | 116 | 125 | 133 | 167 | 159 | 169 | 186 | 164 | 186 | 219 | 257 |
| | $k$ | 0.15 | 0.15 | 0.15 | 0.15 | 0.15 | 0.15 | 0.15 | 0.15 | 0.15 | 0.15 | 0.15 | 0.15 | 0.15 | 0.15 | 0.15 | 0.15 | 0.2 | 0.2 | 0.15 | 0.15 | 0.2 | 0.15 | 0.2 | 0.2 | 0.2 |
| 墙高 $H$（m） | | 5 | | | | | 6 | | | | | 7 | | | | | | 8 | | | | | | | | |
| 填土高 $h$（m） | | 1 | 2 | 3 | 4 | 5 | 1 | 2 | 3 | 4 | 5 | 1 | 2 | 3 | 4 | 5 | 6 | 1 | 2 | 3 | 4 | 5 | 6 | 7 | | |
| 截面尺寸 | $B_1$（cm） | 105 | 130 | 170 | 210 | 255 | 115 | 165 | 165 | 225 | 270 | 130 | 155 | 200 | 240 | 285 | 335 | 145 | 170 | 210 | 255 | 300 | 350 | 400 | | |
| | $B_2$（cm） | 193 | 214 | 252 | 291 | 333 | 217 | 265 | 262 | 319 | 362 | 246 | 267 | 310 | 348 | 391 | 438 | 275 | 295 | 333 | 376 | 419 | 467 | 514 | | |
| | $k$ | 0.15 | 0.2 | 0.2 | 0.2 | 0.2 | 0.15 | 0.15 | 0.2 | 0.2 | 0.2 | 0.15 | 0.2 | 0.2 | 0.2 | 0.2 | 0.2 | 0.15 | 0.2 | 0.2 | 0.2 | 0.2 | 0.2 | 0.2 | | |

附录E 挡土墙截面主要尺寸

续上表

| 重力式仰斜挡土墙，地震烈度8度（0.30$g$） | | | | | | | | | | | | | | | | | | | | | | | |
|---|---|---|---|---|---|---|---|---|---|---|---|---|---|---|---|---|---|---|---|---|---|---|---|
| 设计资料 | | 地基承载力 $\sigma$ = 500kPa、填土内摩擦角 40° | | | | | | | | | | | | | | | | | | | | | |
| 墙高 $H$(m) | | 2 | 3 | 4 | 5 | 6 | 7 | 8 | 9 | 10 | 11 | 12 | 13 | 14 | 15 | 3 | | | | | | | |
| 填土高 $h$(m) | | 0 | 0 | 0 | 0 | 0 | 0 | 0 | 0 | 0 | 0 | 0 | 0 | 0 | 0 | 1 | 2 | 3 | 4 | 5 | 6 | 7 | 8 |
| 截面尺寸 | $B_1$(cm) | 60 | 60 | 60 | 60 | 65 | 80 | 90 | 100 | 110 | 125 | 135 | 145 | 160 | 170 | 60 | 85 | 105 | 125 | 140 | 140 | 140 | 140 |
| | $B_2$(cm) | 106 | 121 | 135 | 149 | 169 | 198 | 222 | 246 | 270 | 299 | 323 | 347 | 376 | 400 | 121 | 145 | 164 | 183 | 198 | 198 | 198 | 198 |
| | $k$ | 0.15 | 0.15 | 0.15 | 0.15 | 0.15 | 0.15 | 0.15 | 0.15 | 0.15 | 0.15 | 0.15 | 0.15 | 0.15 | 0.15 | 0.15 | 0.15 | 0.15 | 0.15 | 0.15 | 0.15 | 0.15 | 0.15 |
| 墙高 $H$(m) | | 4 | | | | | 5 | | | | | 6 | | | | | 7 | | | | | | |
| 填土高 $h$(m) | | 1 | 2 | 3 | 4 | 5 | 1 | 2 | 3 | 4 | 5 | 1 | 2 | 3 | 4 | 5 | 1 | 2 | 3 | 4 | 5 | 6 | |
| 截面尺寸 | $B_1$(cm) | 75 | 110 | 140 | 170 | 200 | 100 | 130 | 165 | 200 | 240 | 105 | 145 | 185 | 225 | 265 | 120 | 160 | 200 | 240 | 280 | 325 | |
| | $B_2$(cm) | 149 | 183 | 212 | 241 | 270 | 188 | 217 | 251 | 284 | 323 | 207 | 246 | 284 | 323 | 361 | 236 | 275 | 313 | 352 | 390 | 434 | |
| | $k$ | 0.15 | 0.15 | 0.15 | 0.15 | 0.15 | 0.15 | 0.15 | 0.15 | 0.15 | 0.15 | 0.15 | 0.15 | 0.15 | 0.15 | 0.15 | 0.15 | 0.15 | 0.15 | 0.15 | 0.15 | 0.15 | |
| 设计资料 | | 地基承载力 $\sigma$ = 500kPa、填土内摩擦角 40° | | | | | | | 地基承载力 $\sigma$ = 500kPa、填土内摩擦角 45° | | | | | | | | | | | | | | |
| 墙高 $H$(m) | | 8 | | | | | | | 2 | 3 | 4 | 5 | 6 | 7 | 8 | 9 | 10 | 11 | 12 | 13 | 14 | 15 | |
| 填土高 $h$(m) | | 1 | 2 | 3 | 4 | 5 | 6 | 7 | 0 | 0 | 0 | 0 | 0 | 0 | 0 | 0 | 0 | 0 | 0 | 0 | 0 | 0 | |
| 截面尺寸 | $B_1$(cm) | 130 | 170 | 215 | 255 | 300 | 345 | 395 | 60 | 60 | 60 | 60 | 60 | 60 | 60 | 60 | 60 | 65 | 70 | 75 | 80 | 60 | |
| | $B_2$(cm) | 260 | 299 | 342 | 381 | 424 | 468 | 516 | 106 | 121 | 135 | 149 | 164 | 178 | 193 | 207 | 222 | 241 | 260 | 280 | 299 | 294 | |
| | $k$ | 0.15 | 0.15 | 0.15 | 0.15 | 0.15 | 0.15 | 0.15 | 0.15 | 0.15 | 0.15 | 0.15 | 0.15 | 0.15 | 0.15 | 0.15 | 0.15 | 0.15 | 0.15 | 0.15 | 0.15 | 0.15 | |
| 墙高 $H$(m) | | 3 | | | | | | | | 4 | | | | | | | | | | | | | |
| 填土高 $h$(m) | | 1 | 2 | 3 | 4 | 5 | 6 | 7 | 8 | 1 | 2 | 3 | 4 | 5 | 6 | 7 | 8 | | | | | | |
| 截面尺寸 | $B_1$(cm) | 60 | 60 | 60 | 60 | 60 | 60 | 60 | 60 | 60 | 60 | 60 | 60 | 60 | 60 | 60 | 60 | | | | | | |
| | $B_2$(cm) | 121 | 121 | 121 | 121 | 121 | 121 | 121 | 121 | 135 | 135 | 135 | 135 | 135 | 135 | 135 | 135 | | | | | | |
| | $k$ | 0.15 | 0.15 | 0.15 | 0.15 | 0.15 | 0.15 | 0.15 | 0.15 | 0.15 | 0.15 | 0.15 | 0.15 | 0.15 | 0.15 | 0.15 | 0.15 | | | | | | |

续上表

| 重力式仰斜挡土墙，地震烈度8度(0.30$g$) | | | | | | | | | | | | | | | | | | | | | | | | | |
|---|---|---|---|---|---|---|---|---|---|---|---|---|---|---|---|---|---|---|---|---|---|---|---|---|---|
| 设计资料 | | 地基承载力 $\sigma$=500kPa、填土内摩擦角45° | | | | | | | | | | | | | | | | | | | | | | | |
| 墙高 $H$(m) | | 5 | | | | | | | | 6 | | | | | | | | 7 | | | | | | | |
| 填土高 $h$(m) | | 1 | 2 | 3 | 4 | 5 | 6 | 7 | 8 | 1 | 2 | 3 | 4 | 5 | 6 | 7 | 8 | 1 | 2 | 3 | 4 | 5 | 6 | 7 | 8 |
| 截面尺寸 | $B_1$(cm) | 60 | 60 | 70 | 75 | 75 | 75 | 75 | 75 | 60 | 75 | 85 | 95 | 95 | 95 | 95 | 95 | 65 | 85 | 100 | 110 | 115 | 115 | 115 | 115 |
| | $B_2$(cm) | 149 | 149 | 159 | 164 | 164 | 164 | 164 | 164 | 164 | 178 | 188 | 198 | 198 | 198 | 198 | 198 | 183 | 202 | 217 | 227 | 231 | 231 | 231 | 231 |
| | $k$ | 0.15 | 0.15 | 0.15 | 0.15 | 0.15 | 0.15 | 0.15 | 0.15 | 0.15 | 0.15 | 0.15 | 0.15 | 0.15 | 0.15 | 0.15 | 0.15 | 0.15 | 0.15 | 0.15 | 0.15 | 0.15 | 0.15 | 0.15 | 0.15 |
| 墙高 $H$(m) | | 8 | | | | | | | | 9 | | | | | | | | 10 | | | | | | | |
| 填土高 $h$(m) | | 1 | 2 | 3 | 4 | 5 | 6 | 7 | 8 | 1 | 2 | 3 | 4 | 5 | 6 | 7 | 8 | 1 | 2 | 3 | 4 | 5 | 6 | 7 | 8 |
| 截面尺寸 | $B_1$(cm) | 70 | 90 | 110 | 120 | 130 | 135 | 140 | 140 | 75 | 100 | 120 | 135 | 145 | 155 | 160 | 160 | 85 | 105 | 125 | 145 | 160 | 170 | 175 | 180 |
| | $B_2$(cm) | 202 | 222 | 241 | 251 | 260 | 265 | 270 | 270 | 222 | 246 | 265 | 280 | 289 | 299 | 304 | 304 | 246 | 265 | 284 | 304 | 318 | 328 | 333 | 337 |
| | $k$ | 0.15 | 0.15 | 0.15 | 0.15 | 0.15 | 0.15 | 0.15 | 0.15 | 0.15 | 0.15 | 0.15 | 0.15 | 0.15 | 0.15 | 0.15 | 0.15 | 0.15 | 0.15 | 0.15 | 0.15 | 0.15 | 0.15 | 0.15 | 0.15 |
| 设计资料 | | 地基承载力 $\sigma$=800kPa、填土内摩擦角35° | | | | | | | | | | | | | | | | | | | | | | | |
| 墙高 $H$(m) | | 2 | 3 | 4 | 5 | 6 | 7 | 8 | 9 | 10 | 11 | 12 | 13 | 14 | 15 | 3 | | | 4 | | | | | | |
| 填土高 $h$(m) | | 0 | 0 | 0 | 0 | 0 | 0 | 0 | 0 | 0 | 0 | 0 | 0 | 0 | 0 | 1 | 2 | 3 | 1 | 2 | 3 | 4 | | | |
| 截面尺寸 | $B_1$(cm) | 60 | 60 | 65 | 85 | 100 | 130 | 135 | 150 | 170 | 185 | 205 | 220 | 235 | 255 | 60 | 90 | 125 | 75 | 110 | 150 | 190 | | | |
| | $B_2$(cm) | 106 | 121 | 140 | 174 | 202 | 246 | 265 | 294 | 328 | 357 | 390 | 419 | 448 | 482 | 121 | 149 | 183 | 149 | 183 | 222 | 260 | | | |
| | $k$ | 0.15 | 0.15 | 0.15 | 0.15 | 0.15 | 0.15 | 0.15 | 0.15 | 0.15 | 0.15 | 0.15 | 0.15 | 0.15 | 0.15 | 0.15 | 0.15 | 0.15 | 0.15 | 0.15 | 0.15 | 0.15 | | | |
| 墙高 $H$(m) | | 5 | | | | 6 | | | | | 7 | | | | | | 8 | | | | | | | | |
| 填土高 $h$(m) | | 1 | 2 | 3 | 4 | 1 | 2 | 3 | 4 | 5 | 1 | 2 | 3 | 4 | 5 | 6 | 1 | 2 | 3 | 4 | 5 | 6 | 7 | | |
| 截面尺寸 | $B_1$(cm) | 90 | 130 | 170 | 210 | 105 | 140 | 180 | 225 | 270 | 115 | 155 | 195 | 240 | 285 | 335 | 125 | 165 | 210 | 250 | 295 | 345 | 395 | | |
| | $B_2$(cm) | 178 | 217 | 255 | 294 | 207 | 241 | 280 | 323 | 366 | 231 | 270 | 308 | 352 | 395 | 443 | 255 | 294 | 337 | 376 | 419 | 468 | 516 | | |
| | $k$ | 0.15 | 0.15 | 0.15 | 0.15 | 0.15 | 0.15 | 0.15 | 0.15 | 0.15 | 0.15 | 0.15 | 0.15 | 0.15 | 0.15 | 0.15 | 0.15 | 0.15 | 0.15 | 0.15 | 0.15 | 0.15 | 0.15 | | |
| 设计资料 | | 地基承载力 $\sigma$=800kPa、填土内摩擦角40° | | | | | | | | | | | | | | | | | | | | | | | |
| 墙高 $H$(m) | | 2 | 3 | 4 | 5 | 6 | 7 | 8 | 9 | 10 | 11 | 12 | 13 | 14 | 15 | 3 | | | | | | | | | |
| 填土高 $h$(m) | | 0 | 0 | 0 | 0 | 0 | 0 | 0 | 0 | 0 | 0 | 0 | 0 | 0 | 0 | 1 | 2 | 3 | 4 | 5 | 6 | 7 | 8 | | |
| 截面尺寸 | $B_1$(cm) | 60 | 60 | 60 | 60 | 65 | 80 | 90 | 100 | 110 | 125 | 135 | 145 | 160 | 170 | 60 | 85 | 105 | 125 | 135 | 140 | 140 | 140 | | |
| | $B_2$(cm) | 106 | 121 | 135 | 149 | 169 | 198 | 222 | 246 | 270 | 299 | 323 | 347 | 376 | 400 | 121 | 145 | 164 | 183 | 193 | 198 | 198 | 198 | | |
| | $k$ | 0.15 | 0.15 | 0.15 | 0.15 | 0.15 | 0.15 | 0.15 | 0.15 | 0.15 | 0.15 | 0.15 | 0.15 | 0.15 | 0.15 | 0.15 | 0.15 | 0.15 | 0.15 | 0.15 | 0.15 | 0.15 | 0.15 | | |

续上表

| 重力式仰斜挡土墙，地震烈度 8 度(0.30*g*) | | | | | | | | | | | | | | | | | | | | | | | | | |
|---|---|---|---|---|---|---|---|---|---|---|---|---|---|---|---|---|---|---|---|---|---|---|---|---|---|
| 设计资料 | | 地基承载力 $\sigma$ = 800kPa、填土内摩擦角 40° | | | | | | | | | | | | | | | | | | | | | | | |
| 墙高 $H$(m) | | 4 | | | | | 5 | | | | | 6 | | | | | 7 | | | | | | | | |
| 填土高 $h$(m) | | 1 | 2 | 3 | 4 | 5 | 1 | 2 | 3 | 4 | 5 | 1 | 2 | 3 | 4 | 5 | 1 | 2 | 3 | 4 | 5 | 6 | | | |
| 截面尺寸 | $B_1$(cm) | 75 | 110 | 140 | 170 | 200 | 90 | 130 | 165 | 200 | 240 | 105 | 145 | 185 | 225 | 265 | 120 | 160 | 200 | 240 | 280 | 325 | | | |
| | $B_2$(cm) | 149 | 183 | 212 | 241 | 270 | 178 | 217 | 251 | 284 | 323 | 207 | 246 | 284 | 323 | 361 | 236 | 275 | 313 | 352 | 390 | 434 | | | |
| | $k$ | 0.15 | 0.15 | 0.15 | 0.15 | 0.15 | 0.15 | 0.15 | 0.15 | 0.15 | 0.15 | 0.15 | 0.15 | 0.15 | 0.15 | 0.15 | 0.15 | 0.15 | 0.15 | 0.15 | 0.15 | 0.15 | | | |
| 设计资料 | | 地基承载力 $\sigma$ = 800kPa、填土内摩擦角 40° | | | | | | | 地基承载力 $\sigma$ = 800kPa、填土内摩擦角 45° | | | | | | | | | | | | | | | | |
| 墙高 $H$(m) | | 8 | | | | | | | 2 | 3 | 4 | 5 | 6 | 7 | 8 | 9 | 10 | 11 | 12 | 13 | 14 | 15 | | | |
| 填土高 $h$(m) | | 1 | 2 | 3 | 4 | 5 | 6 | 7 | 0 | 0 | 0 | 0 | 0 | 0 | 0 | 0 | 0 | 0 | 0 | 0 | 0 | 0 | | | |
| 截面尺寸 | $B_1$(cm) | 130 | 170 | 215 | 255 | 300 | 345 | 390 | 60 | 60 | 60 | 60 | 60 | 60 | 60 | 60 | 60 | 65 | 70 | 75 | 80 | 85 | | | |
| | $B_2$(cm) | 260 | 299 | 342 | 381 | 424 | 468 | 511 | 106 | 121 | 135 | 149 | 164 | 178 | 193 | 207 | 222 | 241 | 260 | 280 | 299 | 318 | | | |
| | $k$ | 0.15 | 0.15 | 0.15 | 0.15 | 0.15 | 0.15 | 0.15 | 0.15 | 0.15 | 0.15 | 0.15 | 0.15 | 0.15 | 0.15 | 0.15 | 0.15 | 0.15 | 0.15 | 0.15 | 0.15 | 0.15 | | | |
| 墙高 $H$(m) | | 3 | | | | | | | | 4 | | | | | | | | 5 | | | | | | | |
| 填土高 $h$(m) | | 1 | 2 | 3 | 4 | 5 | 6 | 7 | 8 | 1 | 2 | 3 | 4 | 5 | 6 | 7 | 8 | 1 | 2 | 3 | 4 | 5 | 6 | 7 | 8 |
| 截面尺寸 | $B_1$(cm) | 60 | 60 | 60 | 60 | 60 | 60 | 60 | 60 | 60 | 60 | 60 | 60 | 60 | 60 | 60 | 60 | 60 | 60 | 70 | 75 | 75 | 75 | 75 | 75 |
| | $B_2$(cm) | 121 | 121 | 121 | 121 | 121 | 121 | 121 | 121 | 135 | 135 | 135 | 135 | 135 | 135 | 135 | 135 | 149 | 149 | 159 | 164 | 164 | 164 | 164 | 164 |
| | $k$ | 0.15 | 0.15 | 0.15 | 0.15 | 0.15 | 0.15 | 0.15 | 0.15 | 0.15 | 0.15 | 0.15 | 0.15 | 0.15 | 0.15 | 0.15 | 0.15 | 0.15 | 0.15 | 0.15 | 0.15 | 0.15 | 0.15 | 0.15 | 0.15 |
| 墙高 $H$(m) | | 6 | | | | | | | | 7 | | | | | | | | 8 | | | | | | | |
| 填土高 $h$(m) | | 1 | 2 | 3 | 4 | 5 | 6 | 7 | 8 | 1 | 2 | 3 | 4 | 5 | 6 | 7 | 8 | 1 | 2 | 3 | 4 | 5 | 6 | 7 | 8 |
| 截面尺寸 | $B_1$(cm) | 60 | 75 | 85 | 95 | 95 | 95 | 95 | 95 | 60 | 75 | 85 | 95 | 95 | 95 | 95 | 95 | 70 | 90 | 110 | 120 | 130 | 135 | 140 | 140 |
| | $B_2$(cm) | 164 | 178 | 188 | 198 | 198 | 198 | 198 | 198 | 178 | 193 | 202 | 212 | 212 | 212 | 212 | 212 | 202 | 222 | 241 | 251 | 260 | 265 | 270 | 270 |
| | $k$ | 0.15 | 0.15 | 0.15 | 0.15 | 0.15 | 0.15 | 0.15 | 0.15 | 0.15 | 0.15 | 0.15 | 0.15 | 0.15 | 0.15 | 0.15 | 0.15 | 0.15 | 0.15 | 0.15 | 0.15 | 0.15 | 0.15 | 0.15 | 0.15 |
| 墙高 $H$(m) | | 9 | | | | | | | | 10 | | | | | | | | | | | | | | | |
| 填土高 $h$(m) | | 1 | 2 | 3 | 4 | 5 | 6 | 7 | 8 | 1 | 2 | 3 | 4 | 5 | 6 | 7 | 8 | | | | | | | | |
| 截面尺寸 | $B_1$(cm) | 75 | 100 | 120 | 135 | 145 | 155 | 160 | 160 | 85 | 105 | 125 | 150 | 160 | 170 | 175 | 180 | | | | | | | | |
| | $B_2$(cm) | 222 | 246 | 265 | 280 | 289 | 299 | 304 | 304 | 246 | 265 | 284 | 308 | 318 | 328 | 333 | 337 | | | | | | | | |
| | $k$ | 0.15 | 0.15 | 0.15 | 0.15 | 0.15 | 0.15 | 0.15 | 0.15 | 0.15 | 0.15 | 0.15 | 0.15 | 0.15 | 0.15 | 0.15 | 0.15 | | | | | | | | |

表 E.0.15-9

## 地震地区衡重式挡土墙截面主要尺寸表

| 衡重式路肩墙，地震烈度8度(0.20g) | | | | | | | | | | | | | | | | | | | | | | |
|---|---|---|---|---|---|---|---|---|---|---|---|---|---|---|---|---|---|---|---|---|---|---|
| 设计资料 | | 地基承载力 $\sigma$=250kPa、填土内摩擦角35° | | | | | | | 地基承载力 $\sigma$=250kPa、填土内摩擦角40° | | | | | | | 地基承载力 $\sigma$=250kPa、填土内摩擦角45° | | | | | | |
| 墙高 $H$(m) | | 2 | 3 | 4 | 5 | 6 | 7 | 8 | 2 | 3 | 4 | 5 | 6 | 7 | 8 | 2 | 3 | 4 | 5 | 6 | 7 | 8 |
| 截面尺寸 | $B_1$(cm) | 50 | 50 | 50 | 60 | 70 | 80 | 100 | 50 | 50 | 50 | 50 | 50 | 60 | 80 | 50 | 50 | 50 | 50 | 50 | 60 | 70 |
| | $B_2$(cm) | 129 | 135 | 140 | 166 | 201 | 226 | 261 | 129 | 135 | 140 | 146 | 152 | 178 | 222 | 129 | 135 | 140 | 146 | 152 | 168 | 208 |
| | $B_t$(cm) | 50 | 50 | 50 | 60 | 80 | 90 | 100 | 50 | 50 | 50 | 50 | 50 | 60 | 80 | 50 | 50 | 50 | 50 | 50 | 50 | 75 |
| | $h_1$(cm) | 80 | 120 | 160 | 200 | 240 | 280 | 320 | 80 | 120 | 160 | 200 | 240 | 280 | 320 | 80 | 120 | 160 | 200 | 240 | 280 | 320 |
| | $h_2$(cm) | 120 | 180 | 240 | 300 | 360 | 420 | 480 | 120 | 180 | 240 | 300 | 360 | 420 | 480 | 120 | 180 | 240 | 300 | 360 | 420 | 480 |
| | $h_n$(cm) | 13 | 13 | 14 | 17 | 20 | 23 | 26 | 13 | 13 | 14 | 15 | 15 | 18 | 22 | 13 | 13 | 14 | 15 | 15 | 17 | 21 |

| 设计资料 | | 地基承载力 $\sigma$=500kPa、填土内摩擦角40° | | | | | | | | | 地基承载力 $\sigma$=500kPa、填土内摩擦角45° | | | | | | | | |
|---|---|---|---|---|---|---|---|---|---|---|---|---|---|---|---|---|---|---|---|
| 墙高 $H$(m) | | 2 | 3 | 4 | 5 | 6 | 7 | 8 | 9 | 10 | 2 | 3 | 4 | 5 | 6 | 7 | 8 | 9 | 10 |
| 截面尺寸 | $B_1$(cm) | 50 | 50 | 50 | 50 | 50 | 50 | 75 | 100 | 120 | 50 | 50 | 50 | 50 | 50 | 50 | 60 | 80 | 110 |
| | $B_2$(cm) | 129 | 135 | 140 | 146 | 152 | 158 | 213 | 267 | 322 | 129 | 135 | 140 | 146 | 152 | 158 | 193 | 228 | 293 |
| | $B_t$(cm) | 50 | 50 | 50 | 50 | 50 | 50 | 75 | 100 | 130 | 50 | 50 | 50 | 50 | 50 | 50 | 70 | 80 | 110 |
| | $h_1$(cm) | 80 | 120 | 160 | 200 | 240 | 280 | 320 | 360 | 400 | 80 | 120 | 160 | 200 | 240 | 280 | 320 | 360 | 400 |
| | $h_2$(cm) | 120 | 180 | 240 | 300 | 360 | 420 | 480 | 540 | 600 | 120 | 180 | 240 | 300 | 360 | 420 | 480 | 540 | 600 |
| | $h_n$(cm) | 13 | 13 | 14 | 15 | 15 | 16 | 21 | 27 | 32 | 13 | 13 | 14 | 15 | 15 | 16 | 19 | 23 | 29 |

| | | 衡重式路肩墙，地震烈度8度(0.20g) | | | | | | | | | | | | | | | | | | 衡重式路肩墙，地震烈度8度(0.30g) | | | | | | |
|---|---|---|---|---|---|---|---|---|---|---|---|---|---|---|---|---|---|---|---|---|---|---|---|---|---|---|
| 设计资料 | | 地基承载力 $\sigma$=800kPa、填土内摩擦角40° | | | | | | | | | 地基承载力 $\sigma$=800kPa、填土内摩擦角45° | | | | | | | | | 地基承载力 $\sigma$=250kPa、填土内摩擦角35° | | | | | | |
| 墙高 $H$(m) | | 2 | 3 | 4 | 5 | 6 | 7 | 8 | 9 | 10 | 2 | 3 | 4 | 5 | 6 | 7 | 8 | 9 | 10 | 2 | 3 | 4 | 5 | 6 | 7 | 8 |
| 截面尺寸 | $B_1$(cm) | 50 | 50 | 50 | 50 | 50 | 60 | 70 | 100 | 120 | 50 | 50 | 50 | 50 | 50 | 50 | 70 | 80 | 110 | 50 | 50 | 70 | 90 | 110 | 130 | 140 |
| | $B_2$(cm) | 129 | 135 | 140 | 146 | 152 | 178 | 213 | 267 | 322 | 129 | 135 | 140 | 146 | 152 | 158 | 203 | 228 | 293 | 129 | 144 | 180 | 224 | 269 | 314 | 340 |
| | $B_t$(cm) | 50 | 50 | 50 | 50 | 50 | 60 | 80 | 100 | 130 | 50 | 50 | 50 | 50 | 50 | 50 | 70 | 80 | 110 | 50 | 60 | 70 | 90 | 110 | 130 | 140 |
| | $h_1$(cm) | 80 | 120 | 160 | 200 | 240 | 280 | 320 | 360 | 400 | 80 | 120 | 160 | 200 | 240 | 280 | 320 | 360 | 400 | 80 | 120 | 160 | 200 | 240 | 280 | 320 |
| | $h_2$(cm) | 120 | 180 | 240 | 300 | 360 | 420 | 480 | 540 | 600 | 120 | 180 | 240 | 300 | 360 | 420 | 480 | 540 | 600 | 120 | 180 | 240 | 300 | 360 | 420 | 480 |
| | $h_n$(cm) | 13 | 13 | 14 | 15 | 15 | 18 | 21 | 27 | 32 | 13 | 13 | 14 | 15 | 15 | 16 | 20 | 23 | 29 | 13 | 14 | 18 | 22 | 27 | 31 | 34 |

续上表

| 衡重式路肩墙,地震烈度 8 度(0.30$g$) | | | | | | | | | | | | | | | | | | | | | | | | | | | | |
|---|---|---|---|---|---|---|---|---|---|---|---|---|---|---|---|---|---|---|---|---|---|---|---|---|---|---|---|---|
| 设计资料 | | 地基承载力 $\sigma$ = 250kPa、填土内摩擦角 40° | | | | | | | | | 地基承载力 $\sigma$ = 250kPa、填土内摩擦角 45° | | | | | | | | | | 地基承载力 $\sigma$ = 500kPa、填土内摩擦角 40° | | | | | | | | | |
| 墙高 $H$(m) | | 2 | 3 | 4 | 5 | 6 | 7 | 8 | | | 2 | 3 | 4 | 5 | 6 | 7 | 8 | | | 2 | 3 | 4 | 5 | 6 | 7 | 8 | 9 | 10 |
| 截面尺寸 | $B_1$(cm) | 50 | 50 | 50 | 60 | 70 | 80 | 110 | | | 50 | 50 | 50 | 50 | 50 | 70 | 90 | | | 50 | 50 | 50 | 50 | 50 | 60 | 90 | 110 | 150 |
| | $B_2$(cm) | 129 | 135 | 140 | 166 | 201 | 226 | 281 | | | 129 | 135 | 140 | 146 | 152 | 187 | 242 | | | 129 | 135 | 140 | 146 | 162 | 178 | 242 | 297 | 371 |
| | $B_t$(cm) | 50 | 50 | 50 | 60 | 80 | 90 | 110 | | | 50 | 50 | 50 | 50 | 50 | 60 | 90 | | | 50 | 50 | 50 | 50 | 60 | 60 | 90 | 120 | 150 |
| | $h_1$(cm) | 80 | 120 | 160 | 200 | 240 | 280 | 320 | | | 80 | 120 | 160 | 200 | 240 | 280 | 320 | | | 80 | 120 | 160 | 200 | 240 | 280 | 320 | 360 | 400 |
| | $h_2$(cm) | 120 | 180 | 240 | 300 | 360 | 420 | 480 | | | 120 | 180 | 240 | 300 | 360 | 420 | 480 | | | 120 | 180 | 240 | 300 | 360 | 420 | 480 | 540 | 600 |
| | $h_n$(cm) | 13 | 13 | 14 | 17 | 20 | 23 | 28 | | | 13 | 13 | 14 | 15 | 15 | 19 | 24 | | | 13 | 13 | 14 | 15 | 16 | 18 | 24 | 30 | 37 |
| 设计资料 | | 地基承载力 $\sigma$ = 500kPa、填土内摩擦角 45° | | | | | | | | | 地基承载力 $\sigma$ = 800kPa、填土内摩擦角 40° | | | | | | | | | | 地基承载力 $\sigma$ = 800kPa、填土内摩擦角 45° | | | | | | | | | |
| 墙高 $H$(m) | | 2 | 3 | 4 | 5 | 6 | 7 | 8 | 9 | 10 | 2 | 3 | 4 | 5 | 6 | 7 | 8 | 9 | 10 | 2 | 3 | 4 | 5 | 6 | 7 | 8 | 9 | 10 |
| 截面尺寸 | $B_1$(cm) | 50 | 50 | 50 | 50 | 50 | 60 | 60 | 100 | 130 | 50 | 50 | 50 | 50 | 60 | 70 | 90 | 120 | 140 | 50 | 50 | 50 | 50 | 50 | 60 | 80 | 100 | 130 |
| | $B_2$(cm) | 129 | 135 | 140 | 146 | 152 | 178 | 174 | 267 | 332 | 129 | 135 | 140 | 146 | 172 | 197 | 242 | 306 | 351 | 129 | 135 | 140 | 146 | 152 | 178 | 222 | 267 | 332 |
| | $B_t$(cm) | 50 | 50 | 50 | 50 | 50 | 60 | 50 | 100 | 130 | 50 | 50 | 50 | 50 | 60 | 70 | 90 | 120 | 140 | 50 | 50 | 50 | 50 | 50 | 60 | 80 | 100 | 130 |
| | $h_1$(cm) | 80 | 120 | 160 | 200 | 240 | 280 | 320 | 360 | 400 | 80 | 120 | 160 | 200 | 240 | 280 | 320 | 360 | 400 | 80 | 120 | 160 | 200 | 240 | 280 | 320 | 360 | 400 |
| | $h_2$(cm) | 120 | 180 | 240 | 300 | 360 | 420 | 480 | 540 | 600 | 120 | 180 | 240 | 300 | 360 | 420 | 480 | 540 | 600 | 120 | 180 | 240 | 300 | 360 | 420 | 480 | 540 | 600 |
| | $h_n$(cm) | 13 | 13 | 14 | 15 | 15 | 18 | 17 | 27 | 33 | 13 | 13 | 14 | 15 | 17 | 20 | 24 | 31 | 35 | 13 | 13 | 14 | 15 | 15 | 18 | 22 | 27 | 33 |

### 地震地区俯斜式挡土墙截面主要尺寸表

表 E.0.15-10

| 重力式俯斜路肩墙,地震烈度 8 度(0.20$g$) | | | | | | | | | | | | | | | | | | | | | |
|---|---|---|---|---|---|---|---|---|---|---|---|---|---|---|---|---|---|---|---|---|---|
| 设计资料 | | 地基承载力 $\sigma$ = 250kPa、填土内摩擦角 35° | | | | | 地基承载力 $\sigma$ = 500kPa、填土内摩擦角 40° | | | | | 地基承载力 $\sigma$ = 500kPa、填土内摩擦角 45° | | | | | 地基承载力 $\sigma$ = 800kPa、填土内摩擦角 40° | | | | |
| 墙高 $H$(m) | | 2 | 3 | 4 | 5 | 6 | 2 | 3 | 4 | 5 | 6 | 2 | 3 | 4 | 5 | 6 | 2 | 3 | 4 | 5 | 6 |
| 截面尺寸 | $B_1$(cm) | 60 | 90 | 110 | 120 | 130 | 70 | 105 | 120 | 125 | 140 | 60 | 60 | 70 | 90 | 105 | 60 | 70 | 80 | 110 | 130 |
| | $B_2$(cm) | 176 | 250 | 315 | 371 | 426 | 185 | 263 | 322 | 370 | 428 | 175 | 218 | 272 | 335 | 393 | 175 | 228 | 282 | 355 | 418 |
| | $h_n$(cm) | 68 | 75 | 82 | 87 | 93 | 50 | 50 | 50 | 50 | 50 | 50 | 50 | 50 | 50 | 50 | 50 | 50 | 50 | 50 | 50 |

续上表

| 重力式俯斜路肩墙，地震烈度 8 度（0.20$g$） | | | | | | | | | | | | | | | | | | | | | |
|---|---|---|---|---|---|---|---|---|---|---|---|---|---|---|---|---|---|---|---|---|---|
| 设计资料 | | 地基承载力 $\sigma$ = 800kPa、填土内摩擦角 45° | | | | | | | | | | | | | | | | | | | |
| 墙高 $H$(m) | | 2 | 3 | 4 | 5 | 6 | | | | | | | | | | | | | | | |
| 截面尺寸 | $B_1$(cm) | 60 | 60 | 70 | 90 | 110 | | | | | | | | | | | | | | | |
| | $B_2$(cm) | 175 | 218 | 272 | 335 | 398 | | | | | | | | | | | | | | | |
| | $h_n$(cm) | 50 | 50 | 50 | 50 | 50 | | | | | | | | | | | | | | | |
| 重力式俯斜路肩墙，地震烈度 8 度（0.30$g$） | | | | | | | | | | | | | | | | | | | | | |
| 地基承载力 $\sigma$ = 500kPa、填土内摩擦角 40° | | | | | | | 地基承载力 $\sigma$ = 500kPa、填土内摩擦角 45° | | | | | 地基承载力 $\sigma$ = 800kPa、填土内摩擦角 40° | | | | | 地基承载力 $\sigma$ = 800kPa、填土内摩擦角 45° | | | | |
| 墙高 $H$(m) | | 2 | 3 | 4 | 5 | 6 | 2 | 3 | 4 | 5 | 6 | 2 | 3 | 4 | 5 | 6 | 2 | 3 | 4 | 5 | 6 |
| 截面尺寸 | $B_1$(cm) | 70 | 95 | 120 | 125 | 135 | 60 | 60 | 65 | 80 | 90 | 60 | 70 | 85 | 110 | 120 | 60 | 60 | 70 | 90 | 100 |
| | $B_2$(cm) | 186 | 255 | 326 | 376 | 432 | 175 | 219 | 269 | 329 | 385 | 176 | 230 | 289 | 360 | 416 | 176 | 219 | 274 | 340 | 395 |
| | $h_n$(cm) | 50 | 50 | 50 | 50 | 50 | 50 | 50 | 50 | 50 | 50 | 50 | 50 | 50 | 50 | 50 | 50 | 50 | 50 | 50 | 50 |

# 附录 F  泥石流相关计算方法

## F.0.1  泥石流冲击力计算

(1)泥石流流体整体冲压力与冲压方向和受害建筑物的形状有关。

$$\delta = \lambda \frac{\gamma_c}{g} v_c^2 \sin\alpha$$

式中：$\delta$——泥石流整体冲压力(Pa)；

$\gamma_c$——泥石流容重(t/m³)；

$v_c$——泥石流流速(m/s)；

$g$——重力加速度(m/s²)；

$\alpha$——建筑物受力面与冲压方向的夹角(°)；

$\lambda$——建筑物形状系数,圆形 $\lambda = 1.0$,矩形 $\lambda = 1.33$,方形 $\lambda = 1.47$。

(2)单个块体冲击力与受冲击构件刚度有关,墩、台、柱一般简化为悬臂梁。

$$F = \sqrt{\frac{3EJv_c^2 W}{gL^3}} \sin\alpha$$

式中：$F$——大块石冲击力(Pa)；

$E$——构件弹性模量(Pa)；

$J$——构件截面中心轴的惯性模量(m⁴)；

$L$——构件长度(m)；

$W$——块石重量(t)。

其余符号意义同前。

坝、闸、栅简化为简支梁：

$$F = \sqrt{\frac{48EJv^2 W}{gL^3}} \sin\alpha$$

式中符号同前。

## F.0.2  泥石流流速测算采用经验公式

泥石流流速是决定泥石流动力学性质最重要的参数之一,目前泥石流流速计算公式多为半经验或经验公式：

(1)稀性泥石流(西北地区)流速测算可采用中铁第一勘察设计院集团有限公司经验公式。

$$v_c = \frac{15.3}{a} R_c^{\frac{2}{3}} I^{\frac{3}{8}}$$

式中:$v_c$——泥石流断面流速(m/s);

$R_c$——泥石流流体水力半径(m),可近似取泥位深度;

$I$——泥石流流面纵坡(‰);

$a$——阻力系数,$a = \left( \frac{\gamma_c - \gamma_w}{\gamma_s - \gamma_c} \gamma_s + 1 \right)^{\frac{1}{2}}$,其中 $\gamma_c$ 为泥石流重度,$\gamma_w$ 为水的重度,$\gamma_s$ 为固体物质重度。

(2)甘肃武都地区黏性泥石流流速公式。

$$v_c = M_c H_c^{\frac{2}{3}} I_c^{\frac{1}{2}}$$

式中:$M_c$——沟床糙率系数。

其余符号意义同前。

(3)弗莱施曼推荐的泥石流中块体运动速度公式。

$$v = a\sqrt{d_{max}}$$

式中:$v$——块体运动速度(m/s);

$a$——综合系数,取 3.5~4.5;

$d_{max}$——最大块径(m)。

### F.0.3 泥石流流量计算

(1)频率为 $P$ 的洪峰流量 $Q_p$ 的计算。

按本附录 C 水文计算方法计算出洪峰流量 $Q_p$。

(2)频率为 $P$ 的泥石流峰值流量 $Q_c$ 的计算。

按照泥石流与暴雨同频率、且同步发生、计算剖面的暴雨洪水设计流量全部转变成泥石流流量的前提下,首先按水文方法计算出剖面不同频率下的小流域暴雨洪峰流量,然后选用堵塞系数,按下列公式进行泥石流流量 $Q_c$ 的计算。

$$Q_c = (1 + \phi_c) D_c$$

式中:$\phi_c$——泥石流泥沙修正系数;

$D_c$——堵塞系数。

### F.0.4 一次泥石流过流固体冲出物

一次泥石流固体冲出物按照《泥石流灾害防治工程勘查规范》(DZ/T 0220—2006)附

录 I 提供的计算公式进行计算:

$$Q_\mathrm{H} = \frac{Q(\gamma_\mathrm{C} + \gamma_\mathrm{W})}{\gamma_\mathrm{H} + \gamma_\mathrm{W}}$$

式中符号同前。

### F.0.5 一次泥石流过流总量

一次泥石流过流总量 $Q$ 计算,根据泥石流历时 $T(\mathrm{s})$ 和最大流量 $Q_\mathrm{c}(\mathrm{m}^3/\mathrm{s})$,按泥石流暴涨暴落的特点,按下式计算:

$$Q = KTQ_\mathrm{c}$$

式中:$K$——与流域面积相关的系数;

$T$——泥石流历时(s)。

# 附录 G　编制说明

## G.1　编制目的及意义

2020 年 8 月以来,甘肃省连续出现暴雨天气,降雨范围之广,强度之大,十分罕见。尤其是陇南南部的文县、武都区暴雨量达到 100 年一遇,宕昌、徽县等达到 50 年一遇,为历史同期 2 ~3 倍。连续暴雨引发白水江尚德(水文站)超 500 年一遇暴洪,白龙江、西汉水、平洛河、拱坝河、达溪河发生 20 年一遇暴洪,其他中小河流达到 10 ~20 年一遇暴洪。持续强降雨致使陇南境内及周边地区发生"8・12"暴洪和泥石流灾害,造成多条公路多处损毁。

水毁是甘肃省公路的主要病害之一,危害严重,除直接毁坏路基、桥涵等构筑物外,还诱发山体滑塌、泥石流、滑坡等地质灾害,造成交通中断,严重影响和危害交通运营与安全。针对 2020 年 8 月以来甘肃省连续强降雨引发的公路水毁灾害情况,以甘肃省公路水毁为研究对象,通过大量的实地调研、分析,结合典型工程案例和已建项目的成功经验,总结了区域公路路基和桥涵等构造物的水毁类型,分析了水毁原因,提出了指导性处治方案和建设意见。为规范和指导甘肃省公路水毁灾后恢复重建工程设计工作,提高公路水毁抢险应急能力和恢复重建工程管理水平,由甘肃省交通运输厅组织公路管理、建设、养护、科研等机构,编制本《指南》。《指南》的编制对指导甘肃省公路水毁灾后恢复重建工作,预防公路水毁病害,提升公路工程质量,提高公路抗灾能力和服务水平,保障公路安全畅通具有重要意义。

## G.2　2020 年区域公路水毁情况

### G.2.1　水毁过程

2020 年 8 月以来,甘肃省境内出现暴雨天气过程,短期内连续暴雨频度高、强度大、涉及范围广、持续时间长、累计降水量大,降雨频次和强度十分罕见。全省 48 个县(区)降雨量均超过历年 8 月平均值,降雨量较同期偏多 1 倍以上,其中宕昌、徽县、两当县降雨重现期达到 50 年一遇,舟曲县达到 70 年一遇,文县、武都区、康县暴雨重现期达到 100 年一遇。文县口头坝镇、碧口镇日最大降水量分别达到 188.4mm、146.1mm。

连续暴雨引发白龙江、白水江、岷江、洋汤河、马莲河等河流洪水暴涨,山洪、泥石流等地质灾害较为严重,有的路段山洪引发泥石流淹没公路、堵塞河道,造成公路中断、形成堰塞湖并淹没村庄,有的路段洪水冲毁公路,交通中断。

降雨持续时间长、连续叠加,致使甘肃省境内G212线岭峰至罐子沟段、G247线东峪口至青龙桥段、G567线西和至成县小川段、S206线大姚路等多条公路灾情严重,造成临河路段路基防排水设施垮塌、路基缺口、路面沉陷、滑坡等水毁病害,桥涵防护构造物、边坡防护及交通安全设施受到不同程度损坏,部分路段一度交通中断或被洪水淹没,严重影响道路的通行及人民安全。

### G.2.2 公路损毁情况

公路损毁包括国道、省道、农村公路、桥梁、隧道等。根据《"8·13"陇东南暴洪灾害损失评估报告》,国省干线公路损毁路基5869488$m^3$/1454km、路面3738000$m^2$/1420km,防护2507943$m^3$/2698处;其他公路14173278$m^3$/6635km、路面8115383$m^2$/6075km,防护4690388$m^3$/22211km,全省桥梁损毁10256.6延米/773座、隧道698延米/9道。公路设施实物量损失见表G.2.2-1。

公路实物量损失表　　　　　　　　　　　　　　　　　　　　　　表 G.2.2-1

| 设 施 类 型 | 单 位 | 全省道路损毁工程量 |
|---|---|---|
| 国省道公路路基毁损 | $m^3$/km | 5869488/1454 |
| 国省道公路路基面毁损 | $m^2$/km | 3738000/1420 |
| 国省道公路防护毁损 | $m^3$/处 | 2507943/2698 |
| 其他公路路基损毁 | $m^3$/km | 14173278/6635 |
| 其他公路路面损毁 | $m^2$/km | 8115383/6075 |
| 其他公路防护损毁 | $m^3$/处 | 4690388/22211 |
| 全省桥梁损毁 | 延米/座 | 10256.6/773 |
| 全省隧道损毁 | 延米/道 | 698/9 |

据统计,2020年"8·12"暴洪和泥石流灾害引发的公路水毁80%以上为临河路基、防护工程水毁,约12%为泥石流冲沟造成桥梁及涵洞、路基水毁,约6%为连续强降雨叠加引发道路及边坡滑坡、滑塌及巨石滑落,约2%为隧道进出口山坡防护毁损。根据有关评估报告,核定公路经济损失为705667万元。其中陇南市439256万元,甘南州157084万元,定西市57589万元,天水市22548万元,白银市323万元,平凉市21160万元,庆阳市7707万元。公路设施分区域经济损失见表G.2.2-2。

公路经济损失表　　　　　　　　　　　　　　　　　　　　　　　表 G.2.2-2

| 市　　州 | 国省干线经济损失(万元) | 其他公路经济损失(万元) | 公路经济损失合计(万元) |
|---|---|---|---|
| 陇南市 | 183482 | 253726 | 439256 |
| 甘南州 | 87973 | 69111 | 157084 |
| 定西市 | 14370 | 43219 | 57589 |
| 天水市 | 1700 | 20848 | 22548 |
| 白银市 | 0 | 323 | 323 |
| 平凉市 | 254 | 20906 | 21160 |
| 庆阳市 | 1573 | 6134 | 7707 |
| 合计 | 289352 | 414267 | 705667 |

### G.2.3 水毁特点

2020年"8·12"暴洪和泥石流灾害具有以下几个方面的特点：

1 灾害预警、抢险救援及时有效，成效极为显著。重视自然灾害预防工作，做好强降雨引发的自然灾害预防。灾害发生后，及时启动了自然灾害救助二级响应，调派大量救灾人员、装备赶赴灾区进行受灾人员救助、救灾物资发放、抢通道路等基础设施。及时启动自然灾害Ⅰ级响应，坚持防汛工作早部署、风险隐患早排查、防汛措施早到位，提早预防，科学决策；防汛指挥到位，预警信息发布及时，通过平安微信平台及应急之声微信矩阵发布预警信息，做到及时全面传递重要天气、雨水情、汛情、险情，做到预警信息发布全覆盖。

2 灾害易发，危害严重，损失巨大。"8·12"暴洪和泥石流灾害由天气、水文、地质、生态环境等多种因素形成，造成公路设施毁损，部分道路中断，经济损失严重。

3 灾害突发性强、类型多、涉及面广。中小河流、山洪、地质灾害普遍发育。根据水文观测资料，白水江、白龙江及其支流拱坝河产生洪水灾害。白水江尚德站流量为超500年一遇，白水江文县站接近200年一遇，拱坝河黄鹿坝站接近20年一遇。据水文部门调查，碧口水库洪峰流量达5500$m^3$/s，超过50年一遇洪水（4840$m^3$/s），接近100年一遇洪水（5580$m^3$/s）。苗家坝水库洪峰流量达到2110$m^3$/s，超过50年一遇洪水（1990$m^3$/s）。文县、康县、宕昌等出现堰塞湖，引发洪水淹没等次生灾害，造成河流分段雍堵、水位抬高、河床淤积抬升，加重了主河道的洪水灾害程度及防汛难度。

4 救灾难度高、社会影响大。"8·12"暴洪和泥石流灾害成灾范围大，造成公路设施损毁，特别是文县、武都、舟曲拱坝河流域，交通中断，使得救援人员和装备不能及时到达现场，抢险救灾工作难度大，灾后恢复重建难度很大，灾区人民群众生产生活、经济发展、社会稳定矛盾更加突出。综合判断，暴洪和泥石流灾害成灾范围和强度已超过汶川地震对甘肃省的影响。

5 灾后防灾形势十分严峻。受灾地区人地矛盾突出，城市、乡村建设用地挤占行洪通道的现象严重。在陇南山区，山洪沟道、滑坡、崩塌、泥石流堆积体占全部面积的49.6%，村庄选址多沿沟道或者布局于洪积扇、滑坡堆积体上。灾害发生后，多处地段泥石流堆积严重，形成河比路高、路比村高、扇比村高的格局，形成潜在隐患，且点多面广，威胁人民生命财产安全。

6 防洪工程、公路桥涵设防标准低，且不同部门设防标准不一致。县乡道路、桥梁、防洪堤普遍存在建设标准和设防标准低的问题，造成河堤损毁，山洪泥石流在公路桥涵过流能力不足，形成灾害，淹没城镇、村庄。农村地区人口密集区防洪工程设防标准仅为10年一遇，泥石流防治工程设防标准也仅为20年一遇，远不能防治50~100年一遇的中小河流、山洪、泥石流灾害。村村通公路设计标准低、排水设计普遍缺失，存在大量刷坡地段，是成为引发水毁、地质灾害的因素之一。

7 人与河流争地，大量农田、公路等设施挤占河道，影响河流行洪，增大了灾害损失。长期以来，特别是20世纪中期，在没有河道规划的条件下，两岸居民在河道造地，造成河道狭窄、弯道过多、行洪不畅,导致洪水暴涨,沿江河滩农田、公路受损严重,成为灾害的集中分布区。

8 水库(电站)泥沙淤积严重,防洪、行洪能力降低,加重了灾害损失。白水江水电站分布密集,对河流水文造成重大影响。碧口水库设计库容5.21亿$m^3$,由于泥沙淤积,现有效库容不足1亿$m^3$,水库调蓄能力、防洪能力下降。碧口镇下游麒麟寺水电站泄洪能力不足,回水近2km,导致碧口段排水不畅,城镇、街道被淹,人民群众财产损失巨大。

### G.2.4 水毁原因分析

影响公路及其构筑物发生水毁的因素较多,主要因素有以下几个方面:

1 降雨范围大、强度高,成为灾害发生的基本动力。2020年8月以来,甘肃省境内出现大范围连续性降雨,陇南市武都区、文县、康县国家气象站累计降雨量为288.8~541.1mm,为常年同期的2~3倍,降雨重现期达到100年一遇;舟曲县达到70年一遇,宕昌县、徽县、两当县达到50年一遇。同时,8月10日以来,在陇南、天水两市大部及定西、甘南、平凉、庆阳等市(州)局部地方出现日最大降水量为50mm以上强降雨,在文县、康县、徽县、两当县及合水县等地出现100mm以上强降雨,文县口头坝镇、文县碧口镇分别达到188.4mm、146.1mm。暴雨重现期文县、武都区、康县、徽县均达到或超过100年一遇,舟曲县、两当县达到70年一遇,宕昌县达到50年一遇。

2 河流及沟道洪涝、泥石流暴发,是直接致灾因素。根据甘肃省水文水资源局水文资料,8月17日白水江尚德(水文站)河流出现超500年一遇、文县(水文站)河流出现超200年一遇暴洪;白龙江、西汉水、平洛河、拱坝河、达溪河河流发生20年一遇暴洪;其他中小河流达到10~20年一遇暴洪。受灾区域沟道暴洪及泥石流多发、群发、强度极大,造成10个市州、46个县(区)发生大面积暴洪、地质灾害,公路水毁严重。如文县丹堡河、五库河沟道暴发500年一遇(1470$m^3$/s)、100年一遇(256$m^3$/s)山洪、泥石流灾害;武都区羊汤河沟道暴发100年一遇(128$m^3$/s)山洪、泥石流灾害,直接毁坏、掩埋道路,造成居民财产损失。

3 地质条件不利,造成地质灾害隐患较大。根据自然资源部门提供的地质灾害排查资料,因连续强降雨甘肃境内普遍出现崩塌、滑坡、泥石流地质灾害,其中成灾点1817处。在陇南市境内密集分布,甘南州舟曲县次之,天水、定西、平凉、庆阳等市(州)也有发生,形成大量地质灾害隐患。

4 自然环境恶劣。甘肃东南部地处陇南山地和黄土高原,山高谷深、沟壑纵横、地形陡峻、岩石破碎、地震多发、降雨集中,陡峻的地形为暴洪、地质灾害的形成提供了发育场所,地表形态破碎松散的山体岩石为暴洪、地质灾害形成提供了丰富的物源。这些因素为暴洪泥石流灾害的形成奠定了物质基础,导致该区域成为甘肃省暴洪、泥石流等地质灾害多发易发区。

5 人类活动对河道、沟谷等自然环境的不利影响。受地形地貌限制,受灾地区宜耕、宜居的土地多在江河、沟谷和低洼地带,人多地少现象突出,存在人与河流争地,大量农田和建筑物等设施挤占河道、不规范采砂活动等现象,导致河流过水断面减小,排洪能力减弱,造成河道狭窄,水流紊乱,行洪不畅。一旦发生洪水,沿江沿河的道路和农田容易受灾。

6 部分路段承灾抗灾能力弱。2020年"8·12"暴洪和泥石流灾害调查结果表明,甘肃省境内高速公路水毁灾害轻微,国省干线公路水毁灾害较大,县乡道路和农村公路受灾严重。近年来通过改造提升的路段,道路的抗灾承灾能力明显高于原有路段。以G212线为代表,受历史原因、技术水平、工程投资等因素影响,沿江沿河道路洪水设防标准低、防护工程薄弱,经常出现路基冲毁、淹没道路等现象。地形地质复杂路段易受落石、滑坡、泥石流等灾害影响。个别建设年代久远的桥梁、涵洞,荷载等级低,跨径小,泄洪能力不足,容易造成桥头引道、桥梁、涵洞水毁。

综上所述,加强区域路网结构建设,改造和提升道路等级及其承灾能力迫在眉睫。同时,还应通过对滑坡、泥石流等自然灾害的治理以及加强河道管理等综合措施来提高防灾减灾能力。